Carreteras

Autores

Rosalinda B. Barrera   **Alan N. Crawford**

HOUGHTON MIFFLIN COMPANY   BOSTON

Atlanta Dallas Geneva, Illinois Lawrenceville, New Jersey Palo Alto Toronto

Linguistic Consultant: Pedro Escamilla, Ph.D., Assistant Professor of Spanish, Stephen F. Austin State University, Nacogdoches, Texas

Design and Production: James Stockton & Associates

Printed in the U.S.A.

ISBN: 0-395-39558-5

CDEFGHIJ-D-943210-898

Acknowledgments

For each of the selections listed below, grateful acknowledgment is made for permission to adapt and/or reprint original or copyrighted material, as follows:

"El mar" por Iván Cepeda. Propiedad literaria © 1972 de la Secretaría de Educación Pública, México. Reimpreso con permiso de CONALITEG.

"En el blanco comedor" por María de la Luz Uribe. Propiedad literaria © 1984 por María de la Luz Uribe. Reimpreso con permiso de Editorial Argos Vergara.

"The Garden," adapted and translated excerpt from *Frog and Toad Together* written and illustrated by Arnold Lobel. Copyright © 1971, 1972 by Arnold Lobel. Reprinted by permission of Harper & Row, Publishers, Inc.

"Goggles!," adapted and translated from *Goggles!* Text and art by Ezra Jack Keats. Copyright © 1969. Reprinted by permission of Macmillan Publishing Company, Inc.

"Grown-ups Are Funny," adapted and translated from *Junk Day On Juniper Street* by Lilian Moore. Copyright © 1969 by Lilian Moore. All rights reserved.

"Impossible, Possum," translated from *Impossible, Possum* by Ellen Conford. Copyright © 1971 by Ellen Conford. Reprinted by permission of McIntosh & Otis, Inc.

"The New Girl at School," translated adaptation of *The New Girl at School* by Judy Delton. Text copyright © 1979 by Judy Delton. Reprinted by permission of the publisher, E.P. Dutton, a division of New American Library.

"A Thousand Pails of Water," adapted and translated by permission of Alfred A. Knopf, Inc. from *A Thousand Pails of Water,* by Ronald Roy. Copyright © 1978 by Ronald Roy.

"Todas las tardes" by Ernesto Galarza. Copyright © 1973 by Ernesto Galarza. Reprinted by permission of Mae Galarza.

"Un buen reparto" por Armida de la Vara. Propiedad literaria © 1972 de la Secretaría de Educación Pública, México. Reimpreso con permiso de CONALITEG.

Continued on page 231.

2

Contenido

PRIMERA REVISTA

3

TERCERA REVISTA

Carreteras

R E V I S T A

1

Contenido

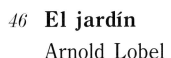

Poemas

Destrezas

Vocabulario

9

A predecir los resultados

Ya sabes cómo predecir los resultados. Al leer este cuentito, piensa en lo que puede pasar después.

A Anita le gustan los dinosaurios. Ha leído muchos libros sobre los dinosaurios. Hace dibujos de dinosaurios. ¡Hasta tiene un vaso pintado con un dinosaurio!

Un día, la maestra de Anita dijo: —Vamos a preparar una feria de libros de animales. Quiero que todos ustedes hagan un libro para la feria.

¿Qué va a pasar después?

Al leer el siguiente cuento, podrás usar la destreza de cómo predecir los resultados.

Una niña nueva en la escuela

Judy Delton

Marcia cambia de escuela. Vamos a ver cómo se siente Marcia siendo la única niña nueva en la escuela.

Hoy mi mamá cambió de trabajo y yo
cambié de escuela.

—Te vas a divertir —dijo mi mamá—.
Y vas a tener muchos amigos nuevos.

No me divertía ser la nueva. Cuando
entré a la escuela todos me miraban. Todos
tenían amigos, pero yo no.

Yo llevaba la camisa nueva con el chapulín.
(Ni miraron el chapulín de mi camisa.)

Los niños me llamaban Marta. (Yo me llamo Marcia.)

Todos sabían dónde estaba el comedor. (Yo tenía que preguntar dónde estaba.)

Todos los niños sabían restar. (Yo era la única que no sabía restar.)

—No me gusta esta escuela —le dije a mi mamá por la noche—. No me divertí.

—Todo se va a arreglar —me dijo.

Al otro día, tomé el autobús de
la escuela. (Pero nadie se sentó conmigo
en el autobús.)

A la hora de comer todos estaban con sus
amigos. (Yo era la única que estaba sola.)

—Hoy no se arregló —le dije a mi mamá
por la noche—. No me gusta la escuela, ni
me gusta ser la nueva.

—Hay que darle tiempo al tiempo
—dijo mi mamá—. Espera hasta el viernes.
Todo se va a arreglar.

Al día siguiente no quería ir a la escuela.
Le dije a mi mamá que no quería ir. Luego
le dije que me iba de la casa y que no
volvería más.

—Ya viene el autobús —dijo mi mamá.

En la escuela hicimos dibujos. Luego,
la maestra mostró algunos dibujos. (Pero el
mío no.)

Después de comer jugamos al Capitán.
(A mí no me hicieron capitán.) Luego fuimos
a jugar al béisbol. (El béisbol sí me gusta.)

Por la noche, mi mamá me preguntó:

—¿Cómo te fue en la escuela?

—Hay que darle tiempo al tiempo —dije.

—Quizás debo hablar con la maestra —dijo mi mamá.

—No hace falta —le dije.

Al otro día hicimos aviones. La maestra mostró mi avión. (El mío no más.)

Yo llevaba la camisa con el chapulín y alguien me preguntó: —¿Es una ranita?

—No —le dije—. Es un chapulín.

Karen me invitó a dormir a casa.
(Ella podía invitar a dos no más.)

El viernes mi mamá me dijo: —Tu abuelita
te ha invitado a vivir con ella para que puedas
volver a tu otra escuela.

—¿Para qué? —le pregunté—. Ahora
me gusta esta escuela. ¿Y sabes una cosa?
Hoy llegó una niña nueva que no sabe
restar.

Pensándolo bien

Preguntas de comprensión

1. ¿Qué sentía Marcia en su nueva escuela el primer día?

2. ¿Qué pensaba de la escuela al terminar el cuento?

3. ¿Crees que en un solo día Marcia podía saber si le iba a gustar la nueva escuela? Di por qué sí o por qué no.

4. ¿Qué es lo que piensas que la nueva niña va a sentir en la nueva escuela? ¿Qué es lo que te hace pensar que se sentirá así?

Vocabulario

Usa una de las palabras en negrilla para contestar cada pregunta.

chapulín   **restar**   **béisbol**
avión   **invitar**

1. ¿Qué puedes jugar?

2. ¿Qué puede saltar muy alto?

3. ¿Qué puede volar muy alto?

¿Cómo puedes ayudar?

El primer día, Marcia no tenía amigos en la nueva escuela. Imagina que un nuevo niño (o una nueva niña) llegara a tu escuela. Escribe algunas oraciones que digan lo que podrías hacer para ayudar a este niño (o a esta niña).

Secuencia correcta

Ya sabes cómo notar la secuencia correcta. Al leer las siguientes oraciones, piensa en el orden en que pasan las cosas.

A. Alex puso los cordones nuevos en sus zapatos.

B. Luego Alex tomó las tijeras y el cordón rojo, que estaban en la caja.

C. Su mamá le dio la caja donde tenía tijeras y cordones de colores.

D. Alex cortó con las tijeras dos tiras del cordón rojo.

Al leer el siguiente cuento, podrás usar la destreza de cómo notar la secuencia correcta.

¡Qué rara es la gente grande!

Lilian Moore

Ramón está muy triste. Su familia se va a cambiar de casa. Ahora, ¿con quién va a jugar Ramón?

"¡Qué rara es la gente grande!"
pensó Ramón. "¡Es tan lindo vivir aquí!
¿Por qué quieren cambiarse ahora a una
casa de apartamentos?"

—No te pongas triste, Ramón —le dijo
su mamá.

—Es que me gusta vivir aquí, en
casa de mi abuelito —dijo Ramón.

—También te va a gustar la casa
de apartamentos —le dijo su papá.

—¡Allí vive mucha gente! —dijo la
tía Rosa, que se veía muy contenta.

Cuando Ramón le decía adiós al gato
de su abuelo, tenía ganas de llorar.
Abrazó por largo rato al gato y le dijo:
—Adiós, Pedrote.

—¡Miau! —lloró Pedrote.

—No te pongas a llorar, Pedrote —dijo
Ramón.

La casa de apartamentos tenía muchos pisos y muchos niños.

El número del apartamento de Ramón era el 3A.

Jaime vivía en el piso de arriba. El número de su apartamento era el 5B.

Alex vivía en el número 4C.

Juanito y su hermana Lola vivían en el mismo piso que Ramón.

Sara y su hermano Samy vivían en un apartamento del piso de abajo, en el 2A.

Siempre había alguien con quien jugar.

24

El señor Carlos cuidaba la casa de apartamentos. Tenía una gata grande que se llamaba Neblina.

Cuando Ramón la vio, se puso triste. Pensó en Pedrote y la abrazó por largo rato.

Neblina dijo: —¡Miau! ¡Miau!

Ramón, Neblina y el señor Carlos se hicieron muy amigos. A veces, Ramón le daba la comida a Neblina.

—¡Qué bueno sería tener un gato! —exclamó Ramón.

Un día la mamá de Ramón llevó a
Ramón a comprar zapatos nuevos.

Tan pronto llegaron a la casa, Ramón
se fue corriendo al apartamento 5B.

—Hola, Ramón —le dijo la mamá de
Jaime—. Jaime se fue a la casa de Alex.

Ramón se fue corriendo al apartamento 4C.

—Hola, Ramón —le dijo el papá de
Alex—. Alex se fue con Jaime a la casa
de Juanito y Lola.

Juanito y Lola habían salido para
la casa de Samy y Sara. Pero allí no
había nadie ahora.

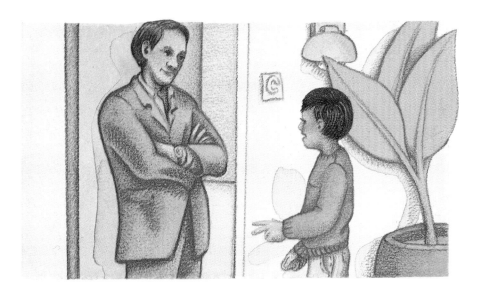

Ramón se fue corriendo a la entrada de
la casa. "¿Dónde se han metido todos mis
amigos?" se preguntó. No podía mostrarle
a nadie sus zapatos nuevos.

Se sentó a la entrada de la casa. Al
rato lo encontró allí el señor Carlos.

—Hola, Ramón —le dijo el señor
Carlos—. ¿Qué haces aquí solito?

—Estaba buscando con quien jugar —le
contestó Ramón—, pero ¡no encuentro a
nadie!

—Están mirando algo —le dijo el
señor Carlos.

—¿Qué es lo que están mirando?
—preguntó Ramón.

—Ven a ver —le dijo el señor Carlos.

El señor Carlos entró a su apartamento. Ramón entró con él.

Entonces Ramón vio a todos sus amigos y también vio lo que estaban mirando.

Neblina estaba metida en una caja y con ella había tres gatitos.

—¡Ay! —exclamó Ramón, y se acercó corriendo a la caja.

—¡Mira el blanquito! —dijo Jaime—. Ése es el que más me gusta.

—A mí me gusta más el negrito —dijo Alex—. Me gustan los gatos negros.

—¿Y a ti, Ramón? —preguntó el señor Carlos.

Ramón miró al gatito gris y pensó
en Pedrote.

—A mí me gusta el gatito gris —dijo
Ramón.

—¡Qué pequeños son! —dijo Sara.

—Pronto serán grandes —dijo el
señor Carlos—, y estarán metiéndose en
todo. Voy a tener que regalarlos.

—¡Regalarlos! —exclamaron los niños.

—No puedo tener tantos gatos —dijo
el señor Carlos—. El negrito es para
un amigo mío que vive en esta calle.
El blanquito es para mi hermana.

Ramón miró al gatito gris.

—¿Y ése? —preguntó.

El señor Carlos se puso a reír.

—Dice Neblina que ése es para ti, Ramón.

Esa noche Ramón les contó a su mamá,
a su papá y a la tía Rosa lo del gatito gris.

—Lo voy a llamar Pedrito —dijo Ramón.

—Yo voy a ver a Pedrote muy pronto
—dijo la tía Rosa—. Me voy a cambiar
a la casa de tu abuelito otra vez.

Ramón la miró sorprendido.

—Es que no me gusta vivir aquí —dijo
la tía Rosa—. Una casa de apartamentos
es demasiado grande. Hay demasiada gente.

Ramón movió la cabeza. "¡Es tan lindo
vivir aquí!" pensó. "Y tía Rosa se va a
cambiar de casa de nuevo. ¡Qué rara es
la gente grande!"

Preguntas de comprensión

1. ¿Dónde encontró Ramón con quien jugar?

2. Ramón pensaba que la gente grande era rara. ¿Por qué pensaba eso al empezar el cuento? ¿Por qué lo pensaba al final del cuento?

3. El señor Carlos le dio uno de sus gatitos a Ramón. ¿Por qué se lo dio a Ramón y no a otro niño?

Vocabulario

Lee las siguientes palabras. ¿Por qué están juntas de dos en dos?

casa–apartamento
negro–gris
abuelo–tía

Cómo hacer nuevos amigos

Cuando Ramón se cambió a un apartamento, hizo muchos amigos nuevos. Imagina que tu familia se cambiara de casa. ¿Qué harías para hacer nuevos amigos? Escribe sobre algunas de las cosas que harías para hacer nuevos amigos.

33

Todas las tardes

Ernesto Galarza

Todas las tardes parece que el sol
se mete en la casa de enfrente.
Unas tardes poquito a poco,
y otras muy de repente.
Dime sol, si algún día te vas a meter en la mía.
Dime sol, si algún día te vas a meter en la mía.

Tema e idea principal

Ya sabes cómo reconocer el tema y la idea principal. Al leer el siguiente cuentito, piensa en el tema y en la idea principal.

Adán vive en una gran ciudad. A Adán le gusta vivir con mucha gente a su alrededor. Le gusta el ruido de la ciudad. Adán y sus amigos juegan en el parque grande de la ciudad. A Adán le gusta vivir en la ciudad. Él dice que no le gustaría vivir en otro lado.

1. ruido   Adán   el parque

2. A Adán le gusta vivir en la gran ciudad.

   A Adán le gusta el ruido de la ciudad.

   Adán y sus amigos juegan en el parque grande de la ciudad.

   Cuando leas el siguiente relato, podrás usar esta destreza de cómo reconocer el tema y la idea principal.

Los jardines de la ciudad

Pat Cuthbertson

¿Puedes imaginar jardines entre los edificios de esta ciudad? ¿Dónde crees que se puede encontrar espacio para ellos?

36

En las ciudades hay barrios con mucha
gente y mucho movimiento. En muchos barrios
los patios son muy pequeños. Ciertas casas
no tienen ni patio, ni lugar con mucho sol
para las plantas. A veces los edificios altos
ocultan el sol.

A muchas personas de la ciudad les gusta cultivar bonitos jardines en espacios pequeños. Algunas frutas y verduras se pueden cultivar donde no hay mucho espacio. Las flores, las verduras y hasta los árboles pueden crecer en macetas o en otros lugares pequeños.

   Algunas personas viven en barrios con
casas o apartamentos donde no hay patio.
Pero pueden cultivar plantas en jardineras
o en macetas. Ciertas flores se pueden
cultivar en macetas dentro de la casa.
En la ciudad muchas personas tienen jardines
dentro de sus casas.

A veces las casas o los edificios altos les dan sombra a los jardines, los ocultan del sol. Ciertas plantas no necesitan tanto sol como otras. Estas plantas se cultivan bien con buena tierra y agua. La gente de la ciudad puede cultivar jardines en lugares con mucha sombra, ocultos del sol.

A muchas personas de la ciudad les gusta cuidar su jardín. Los árboles que plantan dan sombra cuando el sol está muy fuerte. Y las plantas más pequeñas dan ricas verduras y bonitas flores.

Gracias a los jardines, las ciudades son
más bonitas.

Pensándolo bien

Preguntas de comprensión

1. ¿Dónde se puede encontrar espacio para tener jardines en las ciudades?

2. Nombra algunas cosas que deben hacerse para que las plantas puedan crecer bien.

Vocabulario

Escribe en una hoja de papel las palabras en negrilla.

verduras   frutas   árboles   flores

¿Cuántas clases de verduras, de frutas, de árboles y de flores conoces? Haz una lista debajo de cada palabra, nombrándolas.

Mi jardín

No a toda la gente le gustan las mismas plantas en sus jardines. ¿Qué plantarías en tu jardín? Escribe algunas oraciones que digan lo que tú plantarías y por qué.

Cómo resumir

Ya sabes cómo resumir. Al leer este cuentito, piensa en las cosas más importantes que pasan.

Una mañana, Chapulín estaba sentado al lado de un árbol. Todo lo que hacía era cantar y pensar poemas.

Chapulín vio pasar a Hormiguita. Hormiguita llevaba comida a su casa.

—Hormiguita —llamó Chapulín—. No trabajes tanto. Ven a sentarte. Podemos cantar canciones y pensar poemas.

—No puedo —dijo Hormiguita—. Tengo que guardar comida. Ya viene el invierno. ¿Por qué no haces tú lo mismo?

—Yo no —dijo Chapulín—. ¿Cómo voy a guardar comida para el invierno en un día tan bonito? Sólo quiero estar aquí sentado.

Pasaron muchos días. Hormiguita siguió trabajando. Chapulín siguió sentado, con sus canciones y sus poemas.

Por fin llegó el invierno. Hormiguita tenía guardada toda la comida que necesitaba. Chapulín no tenía nada.

1. ¿Sobre quién es el cuento?

2. ¿Dónde tiene lugar el cuento?

3. ¿Cómo empieza el cuento?

4. ¿Qué pasa luego?

5. ¿Cómo termina el cuento?

Cuando leas el siguiente cuento, podrás usar la destreza de cómo resumir.

El jardín

**Escrito e ilustrado
por Arnold Lobel**

El jardín de Rano es muy bonito. Sapo
también quiere uno. ¿Cuánto trabajo le
dará a Sapo hacer un jardín? ¿Es la misma
clase de trabajo que le dio a Rano?

Rano estaba en su jardín.

Sapo fue a visitarlo.

—¡Qué bonito jardín tienes, Rano!
—dijo Sapo.

—Gracias —dijo Rano—. Es muy
bonito, pero me dio mucho trabajo.

—Cuánto me gustaría tener un jardín —dijo Sapo.

—Pues, toma. Aquí tienes unas semillas para sembrar flores. Las tienes que sembrar en la tierra —dijo Rano—, y dentro de un tiempo tendrás tu jardín.

—¿Cuánto tiempo? —preguntó Sapo.

—Poquito —contestó Rano.

Sapo corrió a su casa.

Sembró las semillas de las flores.

—Vamos, semillitas —les dijo—,
empiecen a crecer.

Sapo caminó de un lado a otro por un
rato. Pero las plantitas no salían.

Sapo puso la cabeza bien cerquita del
suelo y dijo: —¡Vamos, semillitas,
empiecen a crecer!

Sapo volvió a mirar la tierra, pero
todavía no había ni una plantita.

Sapo bajó más la cabeza hacia
la tierra y gritó: —A ver, plantitas,
¡EMPIECEN A CRECER DE UNA VEZ!

Rano llegó corriendo por el caminito.

—¿Qué pasa? —preguntó.

—Mis semillas no han empezado a crecer
—contestó Sapo.

—Claro, es porque les gritas mucho
—contestó Rano—. Tus semillas tienen
miedo de crecer.

—¿Mis semillas tienen miedo de crecer?
—preguntó Sapo.

—Claro —dijo Rano—. Hay que dejarlas
por unos días. Deja que las caliente el sol
y las moje la lluvia, que muy pronto tus
semillas empezarán a crecer.

Esa noche Sapo abrió su ventana y
miró el jardín.

—Mis semillas todavía no han empezado
a crecer —dijo—. Deben de tenerle miedo a
la oscuridad.

Sapo salió al jardín con unas velas.

—Voy a leerles un cuento a mis
semillas —dijo Sapo—. Pues con las velas
y el cuento no tendrán miedo.

Y esa noche Sapo les leyó un largo cuento
a sus semillas.

Al día siguiente,
les cantó
canciones.

Al otro día
les leyó poemas.

Y al otro,
les tocó música
todo el día.

Sapo volvió a mirar la tierra. Vio
que sus plantitas todavía no habían
salido.

"¿Qué puedo hacer?" se preguntó Sapo.
"¡Estas semillas deben de estar muy
asustadas!"

Más tarde, Sapo estaba tan cansado que
cayó dormido.

Rano sacudió a Sapo. —¡Arriba, Sapo!
¡Tienes que abrir los ojos! ¡Mira tu jardín!
—dijo Rano.

Sapo abrió los ojos y vio que las
plantitas ya habían empezado a salir.

—¡Ah, por fin se les fue el miedo
a mis semillas! —exclamó Sapo.

—Pues ahora tú también
tendrás un bonito jardín
—dijo Rano.

—¡Claro que sí!
—contestó Sapo—.
Estabas en lo cierto, Rano.
Me dio mucho trabajo.

Pensándolo bien

Preguntas de comprensión

1. ¿Qué clase de trabajo hizo Sapo para tener su jardín?

2. ¿Qué crees que quería decir Rano cuando dijo que le dio mucho trabajo hacer su jardín?

3. ¿Qué crees que podría hacer ahora Sapo para cuidar las plantitas que empezaron a crecer?

4. ¿Qué es lo que hizo que las semillas de Sapo crecieran?

56

Vocabulario

semillas   canciones   sombra   miedoso

Junta cada una de estas palabras con una de las palabras siguientes:

asustado   plantas   música   noche

Las semillas mágicas

Imagina que alguien te diera unas semillas mágicas. Escribe un cuento sobre estas semillas mágicas. ¿Qué es lo que crece de estas semillas? ¿Qué pasa después?

Una palabra mejor

Es divertido contar a tus amigos algo que ha pasado o algo que has visto. Al contar algo a tus amigos, tienes que usar palabras que te ayuden a decir mejor lo que quieres decirles. A veces usar una palabra en lugar de otra hace más claro lo que quieres contarles.

Imagina que quieres decir a tus amigos, qué es lo que hiciste al regresar de la escuela. Puedes decirles que hiciste tu tarea. Pero también puedes decirles que hiciste un poema. La palabra **poema** da una mejor idea acerca de la clase de tarea que hiciste.

Las dos palabras en negrilla dicen casi lo mismo. Lee las oraciones y piensa qué oración describe mejor el dibujo.

1. Este **animalito** está comiendo con el gatito.

2. Este **perrito** está comiendo con el gatito.

¿Qué oración describe mejor lo que se ve en el dibujo? ¿Por qué?

1. Mira qué **velas** tan bonitas hay en la mesa.

2. Mira qué **luces** tan bonitas hay en la mesa.

¿Qué oración describe mejor lo que se ve en el dibujo? ¿Por qué?

59

1. En la mesa de la cocina hay **comida.**

2. En la mesa de la cocina hay **verduras.**

¿Qué oración describe mejor
lo que se ve en el dibujo?
¿Por qué?

1. Carlos se cayó al **agua.**

2. Carlos se cayó en un **charco.**

¿Qué oración describe mejor
lo que se ve en el dibujo?
¿Por qué?

1. Felipe hizo un **dibujo.**

2. Felipe hizo un **barco.**

¿Qué oración describe mejor
lo que se ve en el dibujo?
¿Por qué?

Causa y efecto

Aprendiste cómo una cosa hace que otra cosa pase. Al leer este cuentito, piensa en cuál es la causa de lo que pasa.

Era un día de mucho sol. La tierra estaba muy seca. Susan dijo: —Voy a regar las plantas.

Susan se puso a regar bien todas las plantas. Nada más terminar, el cielo se puso negro. De pronto empezó a llover.

Susan volvió corriendo a la casa.

—¡Vaya! ¡Qué cosa! —dijo Susan.

¿Por qué regó Susan las plantas?

A. El cielo se puso negro.

B. La tierra estaba muy seca.

C. Sabía que iba a llover.

Cuando leas la siguiente obra de teatro podrás usar la destreza de cómo reconocer cuál es la causa y cuál es el efecto.

La hormiguita

Lorraine Sintetos

Luis y Juana vivían en el campo.
Allí cultivaban un gran huerto. Un día
se encontraron con un problema muy
grande. Lee para ver si alguien muy
pequeñito, pero con un buen corazón,
puede ayudarlos.

En la obra de teatro:
Luis, *un señor viejo*
Juana, *una señora vieja*
Señor Chivo
Hormiguita
Narrador

Escena 1

En el campo, en la casita de Luis *y* Juana

Narrador: Había una vez un viejecito y
una viejecita que vivían en una casa
en el campo. Eran pobres, pero tenían
todo lo que necesitaban. Los dos
trabajaban mucho en el huerto, y el huerto
les daba sabrosas verduras para comer.

Luis: ¡Qué mañana tan bonita! Y ¡qué lindo está nuestro huerto este año!

Juana: Sí, es verdad. Mira mis tomates. ¡Están tan rojos mis tomates!

Luis: ¡Y mira mi maíz! Es amarillo como el oro.

Juana: Hemos trabajado todo el año cultivando este huerto. Y ahora podemos comer las ricas verduras que hemos cultivado. Hoy comeremos tomates.

Luis: ¡Mira, Juana! Hay algo grande y blanco en el huerto.

Juana: Ven. Vamos a ver.

64

Juana: Es un chivo.

Luis: ¿Qué hace usted en nuestro
huerto, señor Chivo?

Chivo: Estoy comiendo este sabroso maíz.

Luis: Por favor, váyase, señor Chivo.
Esto es todo lo que tenemos para comer.
Usted es grande y fuerte. Puede encontrar
comida por ahí, en otra parte.

Chivo: En ninguna parte podría encontrar
maíz tan sabroso como éste.

65

Juana: Pero usted debe irse. ¡Déjenos en paz! Nosotros hemos trabajado mucho en este huerto.

Chivo: Sí, y ahora tienen un buen huerto. Me va a gustar mucho comerme todas estas verduras suyas.

Luis: Ven, Juana. Quiero hablarte a solas.

Juana: ¡Ay, Luis! ¿Qué vamos a hacer?

Luis: Chivo no nos va a hacer caso. Hay que echarlo. Usaremos el palo y la escoba. Vamos a tratar de echarlo. Yo voy a usar el palo y tú usa la escoba. Cuando yo grite "¡Ahora!", lo echamos. ¡AHORA!

Narrador: Luis tomó un palo grande y lo levantó. Juana tomó la escoba y la levantó. Luego los dos corrieron hacia Chivo.

Chivo: ¡Alto! ¡Hasta ahí no más!
¡Si no, les va a pesar!

Juana: A usted le va a pesar si no se va,
Chivo comilón. ¡Lo vamos a echar de
una vez por todas!

Chivo: Ustedes son unos tontos. Yo soy
más grande y más fuerte que ustedes.
Ahora váyanse. Quiero comer en paz.

Luis: ¡Ay, Juana! Es cierto. Vamos a casa.

Narrador: Chivo siguió comiendo las
ricas verduras. Los pobres viejecitos
habían trabajado todo el año y ahora
todo sería para ese Chivo comilón.

Escena 2

Dentro de la casita de Luis *y* Juana

Luis: ¡Qué día más triste para nosotros!

Hormiguita: Quizás yo los pueda ayudar.

Juana: ¿Quién está hablando?

Hormiguita: ¡YO! Miren hacia abajo y me podrán ver bajo la mesa.

Narrador: Ahí, bajo la mesa, Luis y Juana vieron a Hormiguita.

Hormiguita: Yo también trabajo mucho todo el día. Por eso siento tanto pesar por ustedes y voy a tratar de ayudarlos en su problema.

Luis: Gracias, Hormiguita. Pero… ¿Cómo nos puede ayudar? Chivo es grande y fuerte y usted es tan pequeñita.

Hormiguita: Los que son grandes y fuertes no siempre se salen con la suya. Hay que ser inteligente. Ya verán.

69

Escena 3

Frente a la casita de Luis *y* Juana

Narrador: Luis la sacó de bajo la mesa
y la llevó afuera. Luego los dos viejecitos
la vieron caminar hacia el huerto.

Luis: ¡Ay, Juana! ¿Qué puede hacer
Hormiguita? Tiene buen corazón y es
inteligente, pero ¡es tan pequeñita!

Juana: ¡Mira! ¡Escucha!

Chivo: ¡Ay! ¡Algo me ha picado la pata!
¡Ay, ay! ¡Ahora me ha picado la nariz!
¡Ay, ay, ay! ¡Hormigas! ¡Tengo hormigas
por todo el cuerpo!

Narrador: Chivo daba saltos. Hormiguita
le corría por todos lados. Adonde
llegaba, le picaba. Chivo se cayó
al suelo y se puso a rodar de un
lado para otro.

Juana: ¡Mira! ¡Se va! ¡Chivo se va rodando hacia abajo!

Narrador: Chivo rodó hasta que ya no lo pudieron ver. Luis y Juana fueron corriendo al huerto. Allí se encontraron con Hormiguita.

Luis y Juana: ¡Gracias, Hormiguita!

Hormiguita: Ese Chivo no va a volver más. Mi familia y yo vamos a vivir en el huerto y lo vamos a cuidar.

Luis: Y nosotros le daremos comida a usted y a los suyos. Por fin podemos vivir en paz.

Hormiguita: Ya ven que ser grande y fuerte no es todo.

Narrador: Está bien ser grande y fuerte. Pero es aun mejor ser inteligente y de buen corazón.

Pensándolo bien

Preguntas de comprensión

1. ¿Cómo pudo Hormiguita ayudar a Juana y a Luis?

2. ¿Por qué no se fue Chivo del jardín cuando Juana y Luis se lo pidieron?

3. Al final, el narrador dice que es mejor ser inteligente y tener un buen corazón que ser grande y fuerte. ¿Qué crees que quiere decir eso?

74

Vocabulario

Las siguientes palabras han sido sacadas del cuento. Di cuáles van juntas y por qué.

rodó	**tomates**	**fuerte**
grande	**cayó**	**bajó**
manzanas	**inteligente**	**maíz**

Tu mejor destreza

Luis y Juana tenían un lindo jardín porque trabajaban mucho. Hormiguita pudo echar a Chivo porque era inteligente y porque podía picar. Todos tenemos alguna destreza que nos ayuda a hacer nuestro trabajo. ¿Cuál es tu mejor destreza? Escribe algunas oraciones hablando de ella. Di cómo usas esta destreza.

Adivinanzas

Redondo y se come,
rojo por fuera, rojo por dentro,
el que adivina estará contento.

(*el tomate*)

Me gusta nadar en la laguna,
saltar al pantano
y cantarle a la luna.

(*la rana*)

Hago reír a los tristes
y a los alegres llorar,
le doy voz a la música
y a todos pongo a cantar.

(*el poema*)

Nacen en las primaveras
y cuando viene el frío,
de los árboles
caen enteras.

(*las hojas*)

Tengo edificios y parques
y autos con fuertes bocinas,
¡a que no lo adivinas!

(*la ciudad*)

Árboles y flores,
plantas verdes
y muchos olores.
¿Qué hay detrás de mi casa?

(*el patio*)

77

Cómo ayudarse unos a otros

En la Primera Revista, cada uno de estos personajes ayudó a alguien en su cuento:

Hormiguita   Ramón   Rano

1. ¿Quién ayudó a Sapo? ¿Cómo?

2. ¿Quién ayudó a Luis y a Juana? ¿Cómo?

3. ¿Quién ayudó al señor Carlos? ¿Cómo?

Vocabulario

¿Qué palabras nombran cosas que se encuentran muchas veces en un jardín?

tierra   **gatitos**   **casas**
semillas   **plantas**   **flores**

El cuento que más te gustó

¿Cuál de los cuentos de la Primera Revista te gustó más? Escribe algunas oraciones que digan por qué te gustó ese cuento.

Carreteras

R E V I S T A

2

Contenido

Cuentos

Poemas

Artículos informativos

Palabras referentes

Ya sabes lo que son las palabras referentes. Las siguientes oraciones son acerca de los cuentos de tu libro. Al leerlas, piensa en lo que las palabras en negrilla quieren decir.

1. Luis vio un chivo parado en el jardín.
   Él le pidió al chivo que se fuera.
   ¿A qué nombre se refiere **Él**?

2. El chivo se fue y no ha parado
   de correr. Hormiguita dijo
   que no **lo** volverían a ver.
   ¿A qué palabra
   se refiere **lo**?

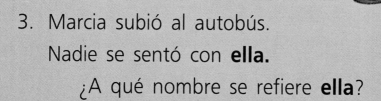

3. Marcia subió al autobús.
   Nadie se sentó con **ella.**
   ¿A qué nombre se refiere **ella**?

4. —¿Por qué quiere la tía Rosa cambiarse de casa? —preguntó Ramón—. ¡Yo pensaba que a **ella** le gustaba vivir **aquí**!

   ¿A qué nombre se refiere **ella**?

   ¿A qué palabra se refiere **aquí**?

5. Sapo salió a su jardín. Vio que algunas plantas habían empezado a crecer **allí**.

   ¿A qué palabra se refiere **allí**?

Al leer el siguiente cuento, podrás usar la destreza de cómo reconocer palabras referentes.

La bicicleta de Javier

Mary Lou Alsin

¡Javier quería tanto conseguir una
bicicleta! ¿A quién le puede pedir una?
Y, ¿cómo la podrá conseguir finalmente?

—Mamá, mamá, ¿me puedes comprar una bicicleta? —preguntó Javier—. Todos los niños tienen bicicleta menos yo.

—Pero Javier, ¿cuántas veces tengo que decirte que no podemos comprarte una bicicleta? —contestó su mamá.

"Voy a pedirle a Manuel que me ayude. Él siempre tiene mucha suerte", pensó Javier. "Al menos tiene más suerte que yo. Siempre que pide un deseo le sale bien".

Javier fue a buscar a Manuel y le dijo:

—Manuel, hay una cosa que yo quiero muchísimo. Si tú pides el deseo por mí, ¿crees que la voy a tener?

—No sé —dijo Manuel—. A veces me sale bien cuando pido un deseo, pero no siempre. Puedo tratar de pedir un deseo por ti. Luego podemos ver si esto sirve y el deseo se cumple. ¿Qué quieres que yo pida?

—Una bicicleta —dijo Javier—. Quiero una bicicleta.

—Está bien —dijo Manuel—. Voy a pedir que tengas una bicicleta. Tengo esta piedrecita de la suerte. La pongo aquí y pido el deseo. Piedrecita de la suerte, piedrecita de la suerte, te pido por favor que consigas una bicicleta para Javier.

87

—¿Eso es todo? ¿No tienes que hacer
nada más? ¿Eso es bastante para tener
la bicicleta? —preguntó Javier.

—Yo creo que sí —dijo Manuel.

—Entonces quiero que mi bicicleta sea
nueva —dijo Javier—. ¿Me podrías pedir
una bicicleta nueva?

—Sí —dijo Manuel—. Piedrecita de la
suerte, piedrecita de la suerte, te pido por
favor que la bicicleta de Javier sea nueva.

—Y quiero que la bicicleta sea verde
—dijo Javier.

—¿Por qué no lo dijiste antes?
—preguntó Manuel.

Manuel pidió otra vez el deseo para conseguir la bicicleta.

Entonces Javier dijo: —También quiero que la bicicleta tenga un timbre. Y también quiero que tenga un cesto.

—¡No puedes pedir todo eso al mismo tiempo! —gritó Manuel—. De momento, pedimos la bicicleta y luego voy a pedir que tenga un timbre y un cesto. Mientras tanto, esperaremos.

Javier esperó todo el día, pero la bicicleta no llegó.

Esperó y esperó, pero la bicicleta no llegaba.

—No entiendo, Manuel. La bicicleta no me llegó —dijo Javier—. ¿Podrías pedirla de nuevo?

—Eso no va a ayudar nada. No has esperado bastante —dijo Manuel—. A veces pasan muchos días hasta que se cumple lo que pides.

—Espera, espera, espera —dijo Javier—. Estoy cansado de esperar...

En ese momento Javier vio un camión parado en la calle.

—¡Mira, Manuel! —gritó Javier—. En ese camión hay una rueda. Me voy a hacer una bicicleta con esa rueda.

En el camión había un señor. Javier se le acercó y le preguntó: —¿Le sirve esa rueda de bicicleta que está en su camión?

—No es una rueda de bicicleta —dijo el señor—. Es una bicicleta viejísima que no le sirve a nadie.

—¡Que no le sirve a nadie! —gritó Javier—. ¡Ay señor! ¿Me la puede dar, por favor? Yo la quiero.

El señor le dio la bicicleta a Javier.

—¡Mira, Manuel! —gritó Javier—.
¡Llegó la bicicleta!

—Pero tú querías una bicicleta nueva
¿no? —dijo Manuel—. ¿Cómo vas a poder
usar ésa? Al menos tiene que estar arreglada
antes de poder usarla. Puede que yo tenga
suerte, pero no entiendo de esas cosas.
Quizás el señor Chan te pueda ayudar.

Javier llevó la bicicleta a la casa del
señor Chan.

—Señor Chan, mire usted mi bicicleta
—le dijo Javier—. No sé si se pueda
arreglar. ¿Podría usted ayudarme, por favor?

—Yo creo que sí se puede arreglar —dijo
el señor Chan.

—¡Qué suerte tengo hoy! —dijo Javier.

Cuando Javier volvió a casa, dijo:

—¡Mamá, mamá! ¡Ya tengo mi bicicleta!
El señor Chan me va a ayudar a arreglarla
para que esté como nueva.

Al día siguiente, después de la escuela,
Javier corrió a casa.

—Mamá —dijo Javier—, ¿puedo ir a la
casa del señor Chan? He quedado en que le
ayudaría con mi bicicleta.

—Cómo no —contestó su mamá.

Javier encontró al señor Chan ocupado, sacando algunas cosas de su camión.

—¿Ya está arreglada mi bicicleta? —le preguntó Javier.

—Le arreglé las ruedas —dijo el señor Chan—, pero necesita más trabajo. Dentro de un momento, cuando termine de sacar las cosas del camión, podemos trabajar.

—¿Puedo ayudarle a sacar las cosas del camión, señor Chan? Así terminará usted más pronto y podremos arreglar mi bicicleta —dijo Javier.

Javier ayudó al señor Chan a bajar las cosas.

—Ya trabajaste bastante. —dijo el señor Chan—. Ahora podemos arreglar tu bicicleta. Podremos empezar antes de lo que yo pensaba.

Pero no les quedaba mucho tiempo para arreglar la bicicleta. Mientras el señor Chan quedaba ocupado arreglándola, Javier tenía que irse a casa para comer.

Al día siguiente, cuando Javier volvió,
el señor Chan estaba ocupado en pintar
su casa.

—¿Ya puedo andar en la bicicleta?
—le preguntó Javier.

—No —le contestó el señor Chan—.
Todavía no la he terminado de arreglar.

—¿Puedo ayudarle? ¿Le pongo la
pintura? —le preguntó Javier—.
Yo entiendo algo de pintar.

—Sí, puedes ayudarme —le contestó el
señor Chan—. Toma esta cubeta.

Mientras ponía pintura en otra cubeta,
el señor Chan le preguntó a Javier: —¿Te
gustaría tener una bicicleta azul?

—Yo la quería verde —dijo Javier.

—Eso no es ningún problema —dijo el
señor Chan—. Pongo un poco de amarillo en
la cubeta y vas a ver.

Entonces el señor Chan echó un poco de pintura amarilla y otro poco de pintura azul en otra cubeta.

—¡Ah! ¡Ése es el color que yo quería! —dijo Javier.

Al día siguiente Javier fue a andar en su bicicleta nueva.

Cuando Javier vio a Manuel, le dijo: —¡Mira mi bicicleta verde!

—Después de todo, salió bien. Ya tienes la bicicleta que te pedí —dijo Manuel.

—Pues sí. Ahora, ¿podrías pedir un timbre y un cesto? Los necesito para mi bicicleta. —dijo Javier.

Manuel contestó: —Está bien. Voy a pedir el timbre y el cesto que quieres, pero primero voy a pedir algo para mí. ¡Voy a pedir mi propia bicicleta!

Pensándolo bien

Preguntas de comprensión

1. ¿Cómo consiguió Javier su bicicleta?

2. ¿Qué hizo Javier con la bicicleta?

3. ¿Era la bicicleta que encontró Javier como la que él deseaba? Di por qué sí o por qué no.

4. ¿Crees que Javier encontró la bicicleta porque Manuel pidió el deseo? ¿Por qué sí o por qué no?

Vocabulario

verde	**cesto**	**azul**
timbre	**rueda**	**amarillo**

1. ¿Qué palabras nombran colores?

2. ¿Qué palabras nombran cosas que puedes encontrar en una bicicleta?

¡Arréglalo!

Javier trabajó mucho para tener la bicicleta que él quería. A lo mejor a ti también te gustaría arreglar algo. Piensa en algo viejo que te gustaría encontrar y escribe sobre ello. ¿Qué harías para arreglarlo?

Cómo viajamos

Antes de tener autos, la gente usaba caballos. Mucha gente se reía de los primeros autos. Pensaban que no se podía viajar en ellos.

Antes de tener camiones, se usaban caballos y otros animales para llevar cargas grandes. Trabajar así era muy duro y tomaba mucho tiempo. Las cargas muy grandes eran también un trabajo duro para los caballos.

Antes de tener bicicletas, la gente caminaba. ¡Nuestras primeras bicicletas eran muy raras!

Con los años, los autos cambiaron muchas cosas en nuestro mundo. Hoy en día, es difícil imaginar el viajar por el mundo sin los autos. Los autos hacen la vida más fácil.

Los camiones también cambiaron muchas cosas en nuestro mundo. Hoy es mucho más fácil llevar cargas muy grandes.

Las bicicletas han cambiado mucho con los años. Hoy las bicicletas van mucho más rápido y es mucho más fácil viajar en ellas.

A sacar conclusiones

Ya sabes cómo sacar conclusiones. Al leer este cuentito, trata de imaginar las cosas que la autora no te diga.

Tina iba caminando hacia su casa. Vio al señor Thomas trabajando en su jardín.

—Hola, señor Thomas —dijo Tina—. ¡Sus flores están muy bonitas!

—Gracias, Tina —dijo el señor Thomas.

En eso, Tina vio venir a su mamá. Su mamá caminó hasta ella y le dijo: —Tina, voy a ir a comprar unos tomates. ¿Por qué no vienes conmigo? Me puedes ayudar a buscar unos bien bonitos.

—De acuerdo, mami —dijo Tina—. ¿Podemos comprar también un poco de maíz?

1. ¿Adónde iba la mamá de Tina?

   A. a su casa
   B. al jardín del señor Thomas
   C. al mercado

2. La autora de este cuentito no te lo dijo
   todo. Te dijo algunas cosas que te ayudaron
   a descubrir adónde iba la mamá de Tina.
   ¿Qué oraciones te ayudaron a descubrir
   lo que la autora no te dijo?

   A. El señor Thomas estaba trabajando
      en su jardín.
   B. Tina vio venir a su mamá.
   C. La mamá de Tina dijo que quería
      comprar unos tomates.
   D. Tina le preguntó a su mamá si podían
      comprar también un poco de maíz.

   En el siguiente cuento, podrás usar la
destreza de cómo sacar conclusiones.

El farol de Dora

Ann Miranda

con la ayuda de María Guerrero

Los faroles son luces que se usan en los desfiles los días de fiesta. Lee para ver cómo les ayuda a Rosa y a Rafael un farol muy especial.

106

Dora Rivera vivía con su mamá y su
papá, su hermana Rosa y su hermano Rafael.
El señor y la señora Rivera tenían una
florería. Pero hoy la tienda no estaba
abierta porque iba a haber un gran desfile.

El día del desfile todos se divertían
mucho. Bailaban y cantaban, se ponían
disfraces y llevaban sus faroles en la mano.
Dora y su familia iban a ir al desfile
disfrazados de plantas y flores. Con los
disfraces, ellos parecían las plantas y las
flores de la florería.

—Sólo voy a mi cuarto a buscar una vela nueva para mi farol y nos vamos de una vez —dijo el papá de Dora.

—¡Esperen! ¡Esperen! —dijo Dora—. Yo también tengo que ir a buscar algo a mi cuarto. —Y salió corriendo de la sala.

Cuando volvió de su cuarto, sonreía feliz. En su mano llevaba un palo muy largo, con una rana en la punta.

—Y eso tan cómico ¿qué es? —preguntó Rafael.

—Es un farol especial —contestó
Dora—. Lo hice yo misma.

Rosa y Rafael se miraron y se pusieron
a reír.

—Eso no es un farol —dijo Rosa, con
una sonrisa.

—El de papá sí que es un farol
—dijo Rafael—, pero tú no tienes más que
una rana. Todos se van a reír de ti si llevas
esa rana tan cómica al desfile.

Dora no se esperaba esto. ¿Y si Rosa y
Rafael tenían razón? Pero, a pesar de eso,
Dora quería ir al desfile con su farol.

Cuando llegó al desfile, había tantas cosas que Dora no sabía adónde mirar primero. Muy pronto se dio cuenta de por qué el desfile era tan divertido. Era porque las canciones, los disfraces y los bailes eran muy lindos.

Había fruta y comida por todos lados. Y a Dora le gustaba estar entre tantas personas disfrazadas que parecían tan felices.

—Ay, papá —dijo Dora—, me encanta el desfile. Nos vamos a divertir mucho hoy.

—Sí, a mí también me encanta —dijo su papá—, pero nunca he visto tanta gente.

—Tú, Rosa y Rafael tienen que quedarse cerca de nosotros —dijo su mamá.

—Sí, mamá —dijo Rosa—. No nos vamos a perder. No te preocupes.

—Muy bien —dijo su mamá—. Ahora vamos a bailar con los otros.

Dora nunca se había divertido tanto.
Hasta se olvidó de que Rosa y Rafael se
habían reído del farol que traía. Al bailar
entre la gente, Dora movía su farol
en el aire.

Cada vez entraba más gente a bailar y
pronto hubo flores, plantas y conejos.
Todos bailaban con sus faroles en el aire.
Se reían porque así disfrazados se veían
bien cómicos.

Rosa y Rafael se estaban divirtiendo tanto que pronto se olvidaron de quedarse cerca de sus papás. Bailaban y bailaban de la mano, sin darse cuenta de que se iban cada vez más lejos de sus papás.

De pronto, Rosa miró a la gente que estaba a su alrededor. Nadie se parecía a su papá ni a su mamá. Rosa se empezó a preocupar y gritó: —Rafael, ¿dónde está mamá? Y papá, ¿dónde está?

—No los veo —contestó Rafael—. Hay demasiada gente.

—Y ahora, ¿qué hacemos? ¿Adónde vamos? —preguntó Rosa, ya preocupada.

Mientras Rosa y Rafael pensaban hacia dónde ir, sus papás los estaban buscando.

—Ven aquí, Dora —dijo su papá—. Súbete sobre mis hombros a ver si encuentras a Rosa y a Rafael.

Dora se subió sobre los hombros de su papá. Allá arriba, Dora movía su farol en el aire mientras buscaba a Rosa y a Rafael. No los veía por ninguna parte entre la gente del desfile. Pero Rosa sí vio de lejos el farol que traía Dora con la rana en la punta. Se movía sobre las cabezas de la gente.

—¡Rafael, Rafael! —gritó Rosa—. ¡Mira! Mira la rana en la punta de ese palo, allá lejos. ¿No es ése el farol que traía Dora?

—¡Sí! ¡Tienes razón! —exclamó Rafael—. Ahora ya sabemos dónde encontrar a mamá y papá.

Con la rana cómica enseñándoles el camino, Rosa y Rafael regresaron al lugar donde estaban sus papás.

—Ay, Dora —dijo Rosa—, nos perdimos y no sabíamos adónde ir. Pero la rana de tu farol nos ayudó a encontrar el camino. Ahora siento haberme reído de tu farol.

—¡Qué bueno que no me hicieras caso! —dijo Rafael—. Ahora ya sé que tu farol no es tan tonto después de todo.

Dora le sonrió.

Pensándolo bien

Preguntas de comprensión

1. ¿Cómo les ayudó el farol de Dora a Rosa y a Rafael?

2. ¿Por qué crees que Rosa y Rafael no notaron que se estaban perdiendo?

3. ¿Por qué les era tan difícil regresar a Rosa y a Rafael?

4. Si Rosa y Rafael no hubieran visto el farol de Dora, ¿qué podrían haber hecho para encontrar el camino de regreso?

5. ¿Crees que el desfile terminará antes de que se haga de noche? ¿Qué te hace pensar eso?

Vocabulario

Aquí hay algunas palabras que nombran cosas que puedes hacer:

cantar   **reír**   **pintar**   **dibujar**
andar   **bailar**   **saltar**   **sonreír**

¿Para cuáles de estas cosas usas las manos? ¿Para cuáles usas la boca?

Un gran día

El día del desfile era un gran día para Rosa, Rafael y Dora. Piensa en un gran día que hayas tenido. Escribe sobre él y di por qué fue un gran día.

117

Adivinanzas

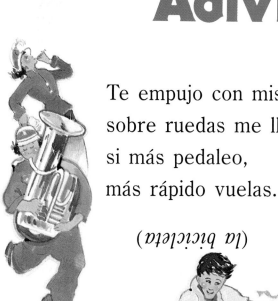

Te empujo con mis pies,
sobre ruedas me llevas,
si más pedaleo,
más rápido vuelas.

(la bicicleta)

Mis bandas y mi música
marchan por la ciudad
y dejan alegría
por donde van.

(el desfile)

Vals, tango o bolero.
Si oigo música,
se me van los pies.
¡Adivina de una vez!

(el baile)

Detalles importantes

Ya sabes cómo notar detalles importantes. Al leer el siguiente cuento, piensa en qué detalles son los más importantes.

El desfile de la escuela iba a empezar, y Susana no podía encontrar a su hermano.

—Dime cómo es —dijo el maestro.

—Se llama Diego —dijo Susana—. Ayer también se perdió. Siguió al perro del vecino. ¡Tuve que buscarlos a los dos! Diego tiene el pelo y los ojos oscuros.

—Me has dado algunos detalles importantes —dijo el maestro—. Lo vamos a encontrar.

1. El hermano de Susana se llama Diego.

2. Diego también se perdió ayer.

3. Diego tiene el pelo y los ojos oscuros.

Al leer el siguiente cuento, podrás usar la destreza de cómo notar detalles importantes.

Los disfraces

Tanner Ottley Gay

"El farol de Dora" cuenta que mucha gente se disfrazaba para ir a un desfile. ¿Por qué nos gusta disfrazarnos? ¿Qué podemos aprender de los disfraces?

Hoy es el cinco de mayo. En México es un día de fiesta nacional. El cinco de mayo es un día para celebrar con una gran fiesta. En este día de fiesta, muchos mexicanos se ponen trajes nacionales. Estos trajes que llevan puestos nos enseñan cómo era la vida de los mexicanos hace muchos años. También nos enseñan sobre la historia nacional mexicana.

Es divertido ponerse disfraces en días
especiales. Los disfraces se usan en los
desfiles y para celebrar los festivales.
Con los disfraces te sientes como una
persona distinta.

Estos niños están bailando en un festival. Mira la ropa que llevan puesta. Son trajes que la gente usa en distintas partes del mundo.

Con estos trajes los niños se pueden imaginar que son personas de distintos países. Estos trajes ayudan a los niños a conocer cómo vive la gente de otros países. También les ayudan a conocer y a comprender la historia de las personas de distintos países.

Estos niños están en una función de su escuela. Mira los disfraces que llevan puestos. Es ropa igual a la que la gente usaba en tiempos antiguos.

Los disfraces permiten a los niños imaginar que están viviendo hace muchos años. Los disfraces también ayudan a que la función sea real para la gente que la está mirando. Los disfraces pueden ayudar a todos a comprender cómo era la vida en los tiempos antiguos.

Es muy divertido hacer disfraces. Estos
niños hicieron los disfraces que llevan
puestos. Usaron ropa antigua, pintura y
papel.

Tú no tienes que esperar a que llegue
un día de festival para ponerte un disfraz.
¡Estos niños no están celebrando ningún
día especial! Están jugando en casa,
disfrazados. Los disfraces hacen que sus
juegos sean más divertidos y más reales.

125

Si te pones un disfraz, te puedes imaginar que eres otra persona. Puedes conocer cómo es la gente de otros países y comprender la historia de la gente que vivió hace muchos años. Es divertido usar disfraces, especialmente si los haces tú mismo. Te puedes divertir imaginándote que eres otra persona y que esto es real. ¿Por qué te sientes especial cuando te disfrazas?

Preguntas de comprensión

1. ¿Qué podemos aprender de los disfraces?

2. ¿Por qué a la gente le gusta disfrazarse?

Vocabulario

ropa   imaginar   festival

Usa una palabra para cada una de las siguientes oraciones:

1. Mucha gente hace disfraces con ____ vieja.

2. Los disfraces nos ayudan a ____.

3. La gente muchas veces se pone disfraces para ir a un ____.

Haz tu propio disfraz

Imagina que pudieras hacer el disfraz que quisieras para un festival. ¿Qué disfraz harías? Escribe algunas oraciones sobre el disfraz que te gustaría hacer. Si quieres, dibújalo.

A seguir instrucciones

Ya sabes cómo seguir instrucciones. Ahora vas a usar esta destreza. Lee bien *todas* las instrucciones antes de empezar.

1. Vas a necesitar un papel y un lápiz.
   ¡No escribas nada en este libro!

2. Escribe tu nombre arriba a la derecha.

3. Escribe las letras A, B, C una debajo de la otra.

4. Al lado de C, escribe el nombre de un libro que te guste.

5. Al lado de A, escribe el nombre de una comida que te guste.

6. Al lado de B, escribe el nombre de un animal que te guste.

7. Cuando termines, sonríe.

Al leer el siguiente cuento, podrás usar la destreza de cómo seguir instrucciones.

Instrucciones para hacer una máscara

En estas páginas vas a encontrar las instrucciones para hacer una máscara. Para hacer una máscara necesitas cartulina, tijeras, dos cordones y un lápiz.

Debes seguir las instrucciones en estas páginas con mucho cuidado. Primero, lee todas las instrucciones hasta la última página. Así podrás comprender mejor lo que tienes que hacer. Luego podrás seguir las instrucciones, paso por paso.

1. Dobla la cartulina como está doblada en el dibujo.

2. Ahora dibuja la mitad de la figura de tu máscara en la cartulina doblada. Haz el círculo del ojo en la mitad del dibujo.

3. Con las tijeras, recorta la cartulina que está doblada por la mitad, siguiendo el dibujo que hiciste. Recorta también el círculo. *No recortes* la cartulina por donde está doblada.

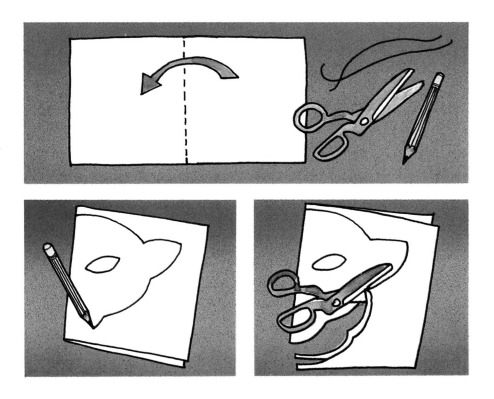

4. Abre la máscara. Ábrele un agujero a cada lado y pásale los cordones.

5. Puedes pintar la máscara para que se vea como un animal o una persona cómica. Puedes adornar los círculos para que se vean como ojos.

6. Ahora ponte la máscara, usando los cordones.

Para seguir instrucciones, tienes que comprender bien qué cosas tienes que hacer y el orden en que debes hacerlas.

Pensándolo bien

Preguntas de comprensión

1. ¿Qué es lo que tienes que comprender muy bien para poder seguir unas instrucciones?

2. ¿Por qué es importante leer todas las instrucciones antes de empezar?

Vocabulario

Junta cada palabra del grupo A con una palabra del grupo B. Di por qué las juntaste.

A		B	
círculo		**pintar**	
máscara		**rueda**	
dibujar		**disfraz**	

Escribe un cuento

Después de hacer tu máscara, dale un nombre. Escribe un pequeño cuento en el que el personaje más importante sea tu máscara.

A predecir los resultados

Ya sabes cómo predecir los resultados.
Al leer este cuentito, piensa en lo que puede
pasar después.

Era de noche. Llovía y había truenos. De
pronto se fue la luz.

—Está demasiado oscuro. No se ve nada
—dijo Lisa—. No puedo hacer mi tarea.

Su mamá se rió. —¡Ah, sí que puedes!
—dijo. Abrió una caja y sacó velas.

—En tiempos pasados, nadie tenía luz.
Si querías leer por la noche, tenías que
hacerlo con velas. ¡Ahora imaginaremos que
estamos viviendo en tiempos pasados!

¿Qué va a pasar ahora?

Al leer el siguiente cuento, podrás usar
la destreza de cómo predecir los resultados.

¡Gafas!

Ezra Jack Keats

Pedro encontró una cosa que le gustaba
mucho, cerca de su casa. ¿Qué va a tener
que hacer para quedarse con lo que encontró?

—¡Archi! ¡Mira lo que encontré!
—gritó Pedro por el tubo—.
¡Unas gafas!

Archi miró a Pedro por el agujero.
Escuchó y sonrió.

Pedro corrió al escondite y se puso
las gafas.

—¡Qué bien! ¿no? —le preguntó a Archi.

Archi sonrió y dijo que sí con la cabeza.

Pedro dijo: —Vamos a sentarnos frente a
tu casa.

Archi dijo que sí con la cabeza.

Se pusieron en camino. De pronto
llegaron unos muchachos grandes.

—¡Dame esas gafas, chico! —dijo uno de
los muchachos grandes.

—¡No quiero! Son mías —dijo Pedro.

Su perro Guille gruñó.

—Archi, agarra a Guille —dijo Pedro.

Pedro metió las gafas en el bolsillo
y levantó la mano.

Archi tenía miedo y le salió un ruidito.
Pedro volvió la cabeza a ver qué le pasaba
a Archi.

De pronto Pedro se encontró en el suelo.
Las gafas se le cayeron del bolsillo.

Todos se quedaron mirando las gafas.

Guille gruñó.

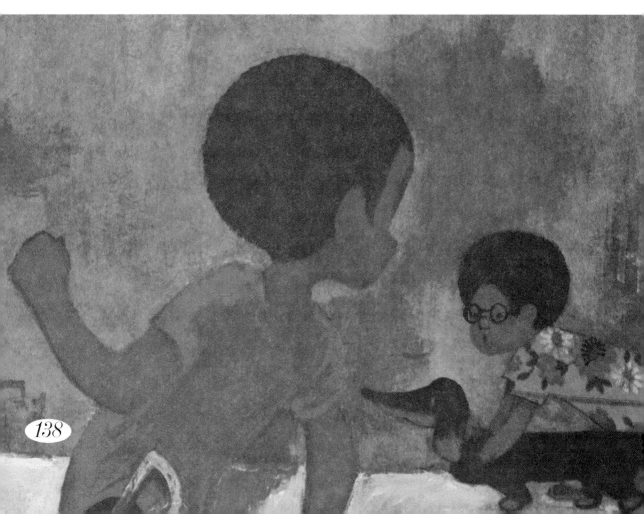

Antes de que nadie se pudiera mover,
Guille tomó las gafas y se metió corriendo
por un agujero en la cerca.

Los muchachos grandes corrieron detrás.

—Nos vemos en el escondite —dijo Pedro
en voz baja. Y se puso de pie—. Vete por
allá. Yo me voy por aquí. No van a saber
dónde vamos. ¡Guille sí nos encontrará!

Pedro corrió al escondite.
Se metió lo más hondo que pudo.

¡Pasos!

—¡Los muchachos grandes!
¡Me siguieron! —dijo Pedro.

Pedro no quiso ni respirar.

¡ARCHI!

Y eso, ¿qué fue?

Archi miró por el agujero.

Allí estaban los muchachos grandes,
¡y por allí detrás de ellos venía Guille!
¡Lo van a ver!

Archi miró el tubo.

De pronto dijo:

—Por aquí, Guille, por el tubo, ¡rápido!

¡GUILLE!

Pedro miró por el agujero.

Los muchachos grandes se acercaban...
más y más.

Pedro respiró hondo.

Luego gritó por el tubo:

—¡Guille! ¡Vamos al *parking*!

—¡Al *parking*! —gritó uno de los muchachos grandes—. ¡Vamos!

Pedro, Archi y Guille salieron a gatas
del escondite.

Cuando llegaron a la cerca,
se pusieron de pie y corrieron.

Llegaron a la casa de Archi.

Archi se rió y dijo:

—Les hicimos una buena jugada, ¿no, hermano?

　　—Sí, —dijo Pedro y le dio las gafas a Archi.

　　—¡Qué bien se ven las cosas ahora!
—dijo Archi.

　　—Es verdad —dijo Pedro.

Pensándolo bien

Preguntas de comprensión

1. ¿Cómo pudo Pedro quedarse con las gafas?

2. ¿Qué pasó con las gafas cuando se cayeron?

3. Después de eso, ¿por qué querían los chicos encontrarse en el escondite? ¿Por qué tomaron distintos caminos para llegar allí?

4. ¿Crees que Guille era un perro inteligente? ¿Por qué sí o por qué no?

Vocabulario

tubo   **gafas**   **gruñó**   **siguieron**

Usa una de estas palabras en cada una de las siguientes oraciones.

1. Pedro encontró unas ____.

2. Guille les ____ a los muchachos grandes.

3. Los muchachos grandes ____ a Guille.

4. Guille corrió hacia los chicos por el ____.

Mi lugar especial

Pedro y Archi tenían un escondite. A lo mejor tú tienes un escondite o algún otro lugar especial al que te gusta ir. Si no lo tienes, imagina uno. ¿Dónde está este lugar especial? ¿Por qué te gusta? Escribe algunas oraciones sobre él.

Lo que cada uno hizo

Javier, Dora y Pedro hicieron cada uno algo distinto. ¿Qué encontró Javier? ¿Qué hizo con lo que encontró?... ¿Qué hizo Dora? ¿Cómo ayudó eso a su familia?... ¿Qué encontró Pedro? ¿Qué pasó entonces?

Vocabulario

Junta cada palabra del grupo A con una palabra del grupo B. Di por qué las juntas.

A **bicicleta** B **vela**
   farol   **cantar**
   bailar   **autobús**

Cómo hacer un nuevo amigo

Imagina que te pudieras hacer amigo de algún personaje de uno de los cuentos que has leído en la Segunda Revista. Escribe algunas oraciones que digan a qué personaje te gustaría tener como amigo y por qué.

Carreteras

REVISTA

3

Contenido

150

Cómo resumir

Ya sabes cómo resumir. Al leer este cuentito, piensa en las cosas más importantes que pasan.

A Cuervito le daba miedo volar. Nunca había dejado el árbol donde vivía en el campo con su familia. Su mamá no sabía qué hacer. —Cuervito, tienes que aprender a volar —dijo su mamá.

—Pero tengo miedo —dijo Cuervito—. ¡Es imposible!

—Puedes hacerlo —dijo la señora Cuervo—. Corre un poco y salta.

Cuervito corrió un poco. Pero entonces miró hacia abajo. ¡El suelo estaba tan lejos!

—¡Es imposible! No puedo hacerlo. Me voy a caer —dijo Cuervito.

La señora Cuervo fue a ver a la señora Gallina. —¿Qué puedo hacer? —le preguntó.

—Tengo una idea —dijo la señora Gallina.

La señora Gallina llamó a Cuervito.

—Tengo mucho maíz aquí. ¿Quieres un poco?

—¡Sí! —dijo Cuervito.

—Vas a tener que bajar. Yo no puedo subírtelo —dijo la señora Gallina.

Cuervito se olvidó del miedo. Corrió un poco y saltó. —¡Allí voy! —gritó.

—¡Yo sabía que podías hacerlo! —dijo la señora Cuervo cuando Cuervito llegó.

—¡Qué no haría yo por un poco de maíz! —dijo Cuervito. Y se lo comió todo.

1. ¿Sobre quién es el cuento?

2. ¿Dónde tiene lugar el cuento?

3. ¿De qué tenía miedo Cuervito al empezar el cuento?

4. ¿Qué hizo entonces la mamá de Cuervito?

5. ¿Cómo termina el cuento?

Al leer el siguiente cuento, podrás usar esta destreza de cómo resumir.

Imposible, zarigüeya

Parte 1

Ellen Conford

Randolph era una zarigüeya con un
gran problema. Randolph quería resolver
su problema, pero le daba dolor de cabeza.
¿Qué hará para resolver su problema?

Randolph era una zarigüeya muy pequeñita.
Su mamá estaba muy apenada por él.

—No sé qué te pasa, hijito —dijo la
mamá de Randolph—. Todas las zarigüeyas
duermen cabeza abajo.

—¿Por qué tú no puedes hacer eso, hijo mío?
¿Por qué eres diferente? —preguntó su mamá.

—No lo sé —dijo Randolph, muy apenado—.
Mi cola no es fuerte. No puedo agarrarme
bien.

—A ver, tienes que intentarlo otra vez
—dijo su papá—. Quizás sólo necesitas
practicar más.

—Bueno —dijo Randolph, y se subió a una
de las ramas del árbol grandote en que vivían.

—No mires para abajo —dijo su papá.

—No tengas miedo —dijo su mamá.

—¡Puedes hacerlo, Randolph! —dijo su
hermano Eugene.

—No, no puede —dijo su hermana
Geraldine.

Randolph enroscó su cola en la rama.
Cerró los ojos. Soltó sus patitas y se
puso cabeza abajo. Ahora sí, Randolph
estaba colgando de la cola.

—¡Muy bien! —gritó su papá.

—¡Lo hiciste! —gritó Eugene.

—¡No, qué va! No se enroscó bien.
—dijo su hermana cuando vio que la cola de
Randolph se soltaba. Randolph se cayó de
cabeza al suelo.

—¡Ay, hijito! —dijo su mamá. Todos corrieron a ayudar a Randolph.

—¿Te lastimaste? —le preguntó su mamá.

—No más que otras veces —dijo Randolph.

—No lo comprendo —dijo su papá—. Tu mamá y yo podemos colgarnos de la cola, tu hermana Geraldine puede colgarse de la cola. Todas las demás zarigüeyas duermen colgadas cabeza abajo.

—¿Por qué no tratas otra vez? —preguntó su papá—. No lo hiciste tan mal esta vez.

—¡Si es que no puedo! —contestó Randolph—. ¡Es imposible!

—Seguro que puedes —dijo su mamá—. Tienes que intentarlo varias veces más.

159

—¡No puedo más! —gritó Randolph—.
Cada vez que lo hago me caigo de cabeza.

—Y si no te lastimaras la cabeza todo el
tiempo, ¿seguirías tratando? —preguntó
Eugene.

—Seguro que sí —dijo Randolph—. Pero,
¿qué hago para no lastimarme la cabeza?

—Ponemos un montón de hojas debajo del
árbol —dijo Eugene—. Así no te lastimarás
si te caes.

—¡Si se *cae*! ¡Quieres decir cuando se
caiga! —dijo Geraldine.

—Ya basta, Geraldine —dijo su papá—. Es
una buena idea. Ahora, ayuda a tus hermanos
a juntar las hojas.

160

Randolph, Eugene y Geraldine juntaron muchas hojas. Hicieron un cómodo montón debajo del árbol donde Randolph practicaba.

—Allá voy otra vez —dijo Randolph. Se subió al árbol y se paró en la rama. Enroscó su cola en la rama y se colgó cabeza abajo. Se le soltó la cola y se cayó de cabeza al montón de hojas.

—¿Es mejor con las hojas? —preguntó su mamá.

—Un poquito —dijo Randolph, apenado, mientras se subía al árbol otra vez.

Una y otra vez Randolph volvió a intentar colgarse de la cola. Y una y otra vez se cayó de cabeza sobre el cómodo montón de hojas.

Su hermano y su hermana fueron a jugar. Su mamá fue a preparar la comida y su papá se fue a caminar.

Randolph siguió practicando varias veces más. Por fin, Randolph se cansó de tratar.

—¡Ya basta! Ésta es la última vez que me caigo —se dijo Randolph, sentándose sobre el montón de hojas—. Las otras zarigüeyas pueden dormir cabeza abajo, pero yo soy diferente. Que los demás duerman como quieran. Yo voy a dormir sobre mi cómodo montón de hojas. No está mal este lugar. Hasta puedo dormirme ahora mismo.

Y así resolvió su problema.

Pensándolo bien

Preguntas de comprensión

1. ¿Qué hizo Randolph cuando no pudo resolver su problema?

2. Eugene pensó en cómo ayudar a Randolph. ¿Qué idea tuvo Eugene?

3. ¿Por qué dejó Randolph de intentarlo? ¿Qué tuvo que hacer entonces?

Vocabulario

Junta estas palabras de dos en dos y di por qué.

patas	**hermano**	**rama**
hojas	**cola**	**hermana**

¿Qué piensas?

Piensa en Eugene y en Geraldine, los hermanos de Randolph. Escribe algunas oraciones diciendo lo que piensas acerca de Eugene y Geraldine, y por qué lo piensas.

Imposible, zarigüeya

Parte 2

Ellen Conford

Randolph está fastidiado de nuevo.
¿Qué le ha ocurrido esta vez? ¿Cómo
podrá resolver su problema de
una vez por todas?

Randolph se despertó y encontró a
Geraldine y Eugene saltando sobre su montón
de hojas.

—¡Yupi! —gritaba Geraldine—. ¡Qué
divertido!

—Claro, es divertido para ti —respondió
Randolph muy fastidiado—. ¡Pero yo tengo
que dormir aquí! ¡Y me han despertado!

Cuando Randolph se levantó, algunas hojas
se le quedaron pegadas a la cola.

—Yo te ayudo —dijo Eugene, y trató de
arrancar las hojas de la cola de Randolph.
Pero las hojas no se despegaban.

—Están pegadas —dijo Eugene.

—No digas tonterías —exclamó
Geraldine—. ¿Cómo van a estar pegadas?

Randolph le tendió la cola a Geraldine
para que le arrancara una hoja.

—¿Te duele? —le preguntó Geraldine.

—¡Ay sí! —gritó Randolph—. ¡Me
duele! ¡Me duele mucho!

—¡Mira! —dijo Geraldine—. Está cayendo savia de esta ramita del árbol.

—¡Savia! —dijo Eugene—. Lo que pasa es que tienes savia en la cola. ¡Por eso se te pegan las hojas!

Randolph dejó de arrancarse las hojas de la cola. —¿Por qué no se me ocurrió antes? —exclamó Randolph, y puso la cola debajo de la ramita.

—¡Con la savia se me pegan las hojas a la cola! —gritó Randolph, y se subió al árbol de una corrida—. Vamos a ver si la cola se me pega a la rama.

Randolph enroscó la cola en la rama y se agarró con las patas hasta que estuvo seguro de que la cola estaba bien pegada. Luego cerró los ojos, se soltó y se quedó colgado cabeza abajo. Esta vez no se cayó.

167

—¡Mírenme! —gritó Randolph—. ¡Miren todos!

Su mamá salió a verlo. Su papá oyó el ruido y llegó corriendo.

—¡Yupi! ¡Lo hizo! —exclamó Eugene—. ¡Randolph está colgando de la cola!

—Qué bien, Randolph —dijo su papá—. Todo lo que necesitabas era un poquito de práctica y creer que podías hacerlo.

—Yo creo que más que la práctica fue la savia —dijo Randolph.

—¿La savia? —preguntó su papá.

—¿Qué savia? —preguntó su mamá.

—Sí, la savia del árbol —respondió Eugene—. ¿No es una idea genial?

—Pero, ¿cómo te vas a desenroscar la cola? —preguntó Geraldine.

—Ah… no se me había ocurrido —dijo Randolph.

—No te preocupes —dijo su mamá—. Nosotros te desenroscaremos la cola cuando quieras bajarte.

—Bueno, pero quiero quedarme así colgado
por un ratito—dijo Randolph—. Todo se ve tan
diferente desde aquí.

Cerró los ojos y se quedó dormido.

Desde ese día, antes de que las zarigüeyas se fueran a dormir, Randolph ponía la cola tendida debajo de la ramita de donde caía la savia. Cuando Randolph se despertaba, su mamá le desenroscaba la cola.

Pero un día Randolph vio que la savia se había secado. —Y ahora, ¿qué voy a hacer? —dijo, fastidiado.

—Quizás debes intentarlo sin la savia —dijo su papá.

—Es imposible —contestó Randolph—. Siempre me caigo de cabeza.

—Randolph —dijo su papá—, el invierno ya está cerca. La savia se seca en invierno. Debes tratar de colgarte como los demás.

—Quizás debemos buscar otro árbol que
tenga savia —dijo Eugene—. Yo te ayudo a
buscarlo.

Randolph y Eugene se fueron juntos a
buscar más savia.

—Es imposible —dijo Randolph, después de
buscar por un rato—. Creo que papá tenía
razón. Toda la savia está seca.

Muy tristes, Randolph y Eugene volvieron a
casa. —Voy a tener que hacer otro montón de
hojas para poder dormir —dijo Randolph—, si no,
¿dónde voy a dormir?

En ese momento, Geraldine llegó corriendo.

—¡Miren lo que encontré! —dijo—.
Encontré un poquito de savia y la puse
sobre estas hojas, —dijo Geraldine
sonriente—. ¿Quieres que te ponga la
savia en la cola?

—Qué buena eres, Geraldine —dijo Randolph,
y le tendió la cola.

Luego se subió corriendo al árbol.

—Le has puesto bastante savia, ¿verdad?
—dijo Randolph, preocupado.

—¡Claro que sí! —respondió Geraldine,
muy contenta.

La mamá y el papá de Randolph salieron a ver qué pasaba.

—Geraldine ha encontrado un poquito más de savia —dijo Randolph.

—¡Qué hermana tan buena tienes! —dijo la mamá.

—No es nada —respondió Geraldine.

—¡Miren! —gritó Randolph, que colgaba cabeza abajo de la rama—. ¡Yupi! Gracias, Geraldine.

Geraldine se puso a gritar: —¡Randolph! ¡Lo hiciste! ¡Miren a Randolph! ¡Está colgado!

—Pues claro que sí —dijo Eugene—. Siempre puede, con savia en la cola.

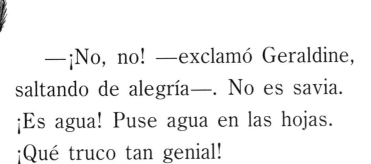

—¡No, no! —exclamó Geraldine, saltando de alegría—. No es savia. ¡Es agua! Puse agua en las hojas. ¡Qué truco tan genial!

—¡Agua! —gritó Randolph.

—¿Cómo? —preguntó su papá.

—¡Ay, hijito! —dijo su mamá.

—Más que truco, es una broma pesada —dijo Eugene.

—¡Pero no es una broma mala! ¡Aprendió a colgarse de la cola! —dijo Geraldine—. ¡Él solo!

—¿Lo hice yo solo? ¿De veras? —preguntó Randolph desde la rama.

—De veras, hijo —dijo su papá.

—Ay, Randolph, ¡cuánto me alegro por ti! —dijo su mamá.

—¡Puedo hacerlo! ¡Puedo hacerlo! —gritó Randolph.

—Lo único que necesitabas era creer que podías —dijo su papá.

—Y una hermana que hace bromas —dijo Eugene.

—Querrás decir una hermana genial, —dijo Geraldine.

Las zarigüeyas estaban tan contentas que se subieron a la rama y cantaron "Porque él es un buen amigo" mientras Randolph colgaba de la cola.

Y nadie cantaba más fuerte que Randolph.

Preguntas de comprensión

1. ¿Cómo resolvió Randolph su problema de una vez por todas?

2. ¿Cómo engañó Geraldine a Randolph? ¿Por qué funcionó su truco?

3. El papá de Randolph dijo: "Lo único que necesitabas era creer que podías hacerlo." ¿Qué quería decir con eso?

4. ¿Qué piensas de Geraldine ahora? ¿Pensabas lo mismo después de leer la primera parte del cuento? ¿Por qué sí o por qué no?

Vocabulario

Estas palabras dicen cómo estaba Randolph en diferentes momentos del cuento.

asustado   **fastidiado**   **sorprendido**

triste   **lastimado**   **contento**

Di qué es lo que estaba pasando en cada momento.

Cómo aprendí a...

Para Randolph fue muy difícil aprender a colgarse de la cola. Piensa en algo que te fue muy difícil aprender. ¿Cómo te sentiste cuando por fin lo aprendiste? Escribe algunas oraciones diciendo cómo trabajaste para aprender algo.

179

En el blanco comedor

María de la Luz Uribe

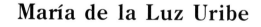

Un tenedor se paseaba
orondo en el comedor:
—Nadie como yo, —decía—
sin duda soy el mejor.

Cuatro dedos, cuatro puntas,
cuatro terrores de pan,
con ellos pincho y desgarro
y muelo lo que me dan.

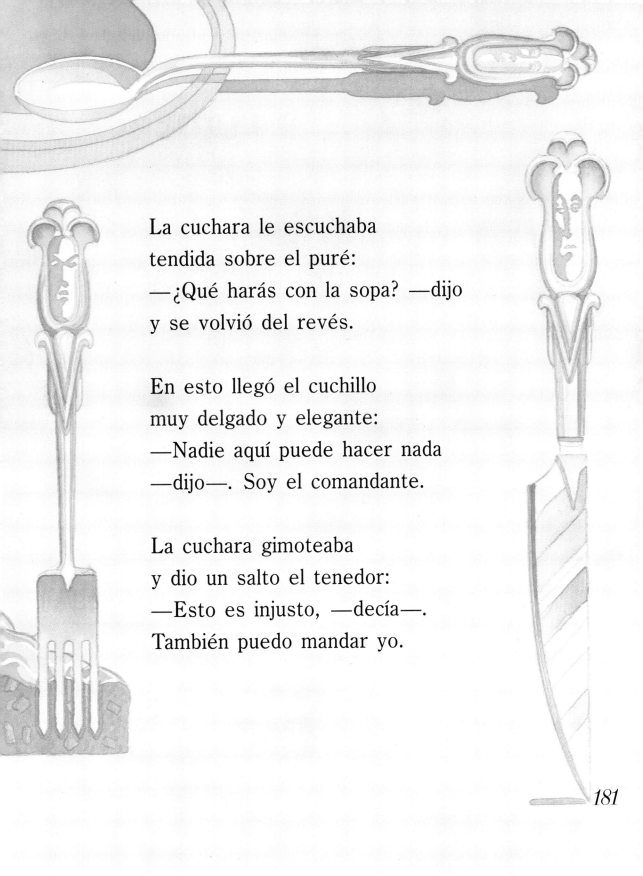

La cuchara le escuchaba
tendida sobre el puré:
—¿Qué harás con la sopa? —dijo
y se volvió del revés.

En esto llegó el cuchillo
muy delgado y elegante:
—Nadie aquí puede hacer nada
—dijo—. Soy el comandante.

La cuchara gimoteaba
y dio un salto el tenedor:
—Esto es injusto, —decía—.
También puedo mandar yo.

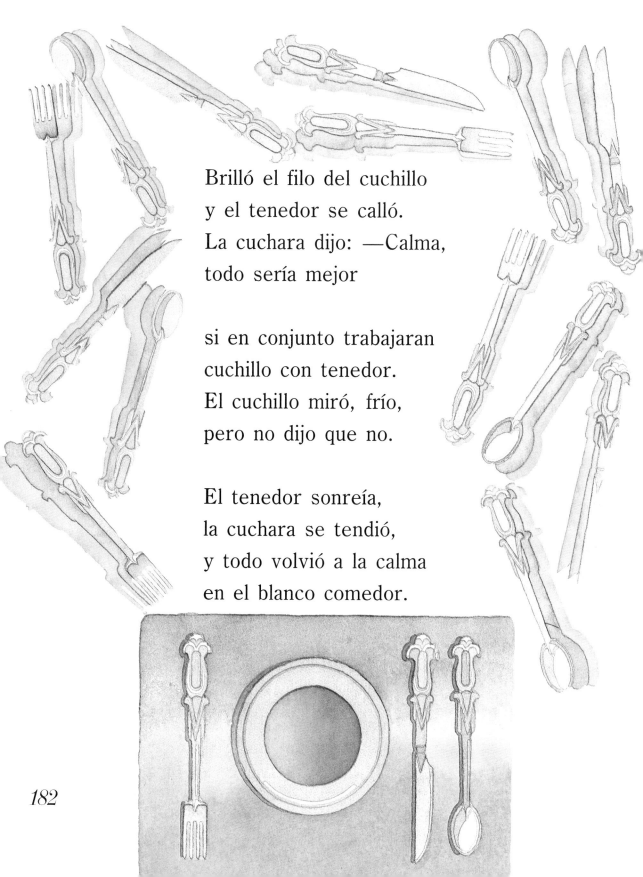

Brilló el filo del cuchillo
y el tenedor se calló.
La cuchara dijo: —Calma,
todo sería mejor

si en conjunto trabajaran
cuchillo con tenedor.
El cuchillo miró, frío,
pero no dijo que no.

El tenedor sonreía,
la cuchara se tendió,
y todo volvió a la calma
en el blanco comedor.

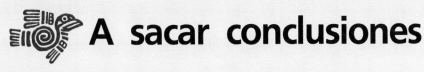

A sacar conclusiones

Ya sabes cómo sacar conclusiones. Al leer las siguientes oraciones, trata de descubrir las cosas que el autor no te diga.

1. Ramón se levantó de la mesa y dijo:
—Abuela, ¡eres la mejor cocinera del mundo!

A. La abuela de Ramón jugó con Ramón.
B. La abuela de Ramón hizo una comida muy buena.

2. —¿Quién quiere el último tomate? —preguntó papá.
—¡Yo! —dijeron Alma y Marcos a la vez.
Papá cortó el tomate en dos.

A. Alma y Marcos compartieron un tomate.
B. Papá se comió el último tomate.

En el siguiente cuento, podrás usar la destreza de cómo sacar conclusiones.

Un buen reparto

Armida de la Vara

Isabel tiene dos gatos. Se llaman
Colita y Rabito. No les gusta compartir
las cosas. Lee el cuento para ver qué
pasa cuando intentan compartir las
cosas dividiéndolas.

Colita y Rabito son los dos gatos de Isabel.

—Quiero educarlos bien —decía ella—. Quiero que se quieran y que compartan todo.

Para educarlos, Isabel ponía en un solo plato la comida para los dos.

—Esta comidita, bien repartidita, mitad para Colita, mitad para Rabito —cantaba Isabel.

Pero los gatitos no querían ser educados. Nunca se ponían de acuerdo. ¡Cómo discutían a la hora de la comida!

Un día Solimán, el perro, estaba mirándolos discutir. Movía su cabeza de un lado a otro, sin tomar parte en la discusión.

—Vamos a decirle a Solimán que él reparta la comida —dijeron los gatitos hermanos—. Así se va a acabar el problema.

El perro agarró la comida y la dividió en dos partes. Solimán se quedó mirando el plato de Colita y dijo: —No sé si hice un buen reparto. Creo que aquí puse más que en el plato de Rabito. —Y Solimán se comió lo que sobraba del plato de Colita.

—Ahora parece que Rabito tiene más que Colita —dijo Solimán después.

Fue al plato de Rabito y se comió lo que
creía que sobraba. Después miró el plato
de Colita y creyendo que también sobraba,
se comió otro poco.

—¡Qué cosa! No creía que fuera tan
difícil dividir en dos.

Y así, Solimán fue del plato de Colita al
plato de Rabito hasta que se acabó la comida.
Y los gatitos se quedaron sin nada sobre
que discutir.

Pensándolo bien

Preguntas de comprensión

1. ¿Qué pasó cuando los gatitos pensaron compartir la comida dividiéndola en dos platos?

2. ¿Se resolvió el problema de los gatos al final del cuento? ¿Por qué sí o por qué no?

Vocabulario

discutir   **dividir**   **educar**

Junta cada una de las palabras de arriba con una de abajo. Di por qué las juntaste.

enseñar   **hablar**   **compartir**

Un buen reparto

Los gatos querían dividir la comida por igual. Piensa en algo que tú compartas con alguien. Escribe algunas oraciones diciendo qué se puede hacer para repartir bien.

189

Una imagen más clara

Piensa que en una función de títeres viste al títere que está abajo. Si quieres decir algo acerca del títere, la oración de abajo dice lo que tú podrías decir.

Vi un títere en la función de títeres.

Esta oración dice lo que tú viste, pero no dice mucho acerca del títere. La oración de abajo dice más.

Vi un títere muy cómico con la nariz grande y el pelo azul, que estaba bailando en la función de títeres.

Estas palabras dicen cómo era el títere y qué estaba haciendo. Estas palabras dan una buena idea de lo que tú viste.

Piensa en algunas palabras que podrías usar para describir el dibujo de arriba. Las palabras de abajo te pueden ayudar.

títere	azul	cómico	boca
grande	niños	lleva	pelo
nariz	bailando	flores	mano

Cómo clasificar

Ya sabes cómo clasificar. Al mirar los dibujos y las palabras de estas páginas, escoge las cosas que se parecen.

1. Escoge los dibujos de las tres cosas que tienen una función parecida. Di por qué.

2. ¿Qué palabras nombran cosas que puedes hacer?

nadar   **sombra**   **saltar**

correr   **triste**

3. Mira los dibujos siguientes y lee las palabras que van con ellos.

ardilla   **abuelo**   **manzana**

Ahora, busca dos palabras que tengan algo que ver con cada uno de los dibujos.

hermana   **tía**   **tomate**
zarigüeya   **maíz**   **zorro**

Cuando leas el siguiente cuento podrás usar la destreza de cómo clasificar.

El tamaño de los animales

En todas partes del mundo viven miles de animales. Hay animales de muchos tamaños. Algunos animales son tan pequeños que no se ven. Otros son tan grandes que es difícil imaginar su tamaño. Ahora vas a aprender algo sobre el tamaño de algunos animales.

194

¿Sabes tú cuál es el animal más alto del mundo? Es la jirafa. La jirafa es más alta que todos los otros animales que viven en tierra. Su altura es igual a la altura de tres personas grandes. La jirafa es tan alta que puede ver cosas que están muy lejos. Si la jirafa ve algo que la asusta, tiene tiempo para correr. La jirafa es un animal manso. Tiene cuatro largas patas que usa para salir corriendo.

La jirafa es el animal más alto que vive en tierra, pero el más grande de los animales es el elefante. ¡Un elefante puede pesar tanto como sesenta personas grandes! ¿Puedes imaginar sesenta personas al lado de un elefante?

Los elefantes viven juntos en manadas. Se cuidan los unos a los otros y salen juntos a buscar comida. En algunas manadas hay sólo cuatro o cinco elefantes, pero en otras manadas puede haber hasta mil elefantes.

No todos los animales grandes viven en tierra. Algunos viven en el mar. Por ejemplo, el tiburón ballena es un pez muy grande. Es más largo que cuatro carros. ¿Puedes imaginar un pez tan largo como cuatro carros? El tiburón ballena pesa lo mismo que dos elefantes, o dos grupos de sesenta personas.

Muchas personas les tienen miedo a los tiburones. Pero el tiburón ballena es un pez muy manso. Sólo come plantas pequeñas y de vez en cuando algún pez.

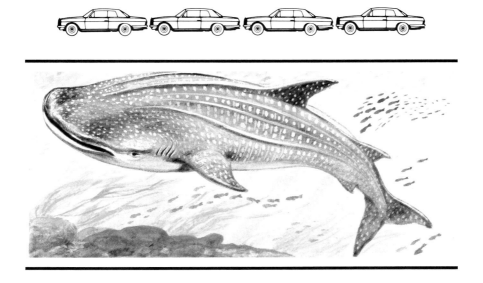

El animal más grande del mundo, en tierra o en mar, es la ballena azul. Pesa más que mil personas grandes. Y es más larga que siete carros. ¿Puedes imaginar un animal tan largo como siete carros?

También las ballenas azules son animales mansos. Aunque viven en el mar, tienen que sacar la cabeza para respirar. La ballena respira por unos agujeros que tiene en la parte de arriba de la cabeza.

Pensándolo bien

Preguntas de comprensión

1. ¿Cuál es el animal más alto que vive en tierra?

2. ¿Cuál es el animal más grande que vive en tierra?

3. ¿Cuál es el animal más grande que ha vivido en tierra o en el mar?

Vocabulario

¿En qué se parecen las palabras que están juntas?

grande–enorme
manada–grupo
larga–alta
cinco–mil

Adivinanzas

Cuando ladro yo te digo
que soy tu mejor amigo.

(el perro)

Grande, negro y brillante
nado bajo el agua
como un enorme gigante.

(la ballena)

Invitada a las cenas
no comes, ni bebes.
Por nada te mueves,
ni cuentas tus penas.

(la mesa)

Me acuesto a dormir
al lado del fogón
y sueño con un ratón.

(el gato)

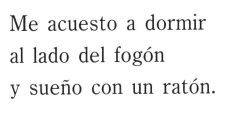

Soy redondo
como el sol de mediodía,
pero en vez de tener luz
tengo comida.

(el plato)

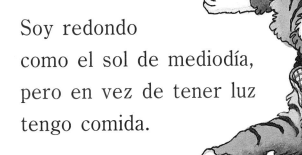

Orgulloso pinchas la comida
y me alimentas.
Con tus dedos de metal
a mi boca te acercas.
¿Quién eres?

(el tenedor)

201

Secuencia correcta

Ya sabes cómo notar la secuencia correcta. Al leer las siguientes oraciones, piensa en el orden en que pasan las cosas.

A. Al poco rato, Bill agarró un pez.

B. Esa noche comieron pescado.

C. Bill y su papá se subieron a una barca.

D. Bill y su papá salieron por la mañana para ir a pescar.

1. ¿Qué oración dice lo que pasó primero?

2. ¿Qué oración dice lo que pasó después?

3. ¿Qué oración dice lo que pasó después de eso?

4. ¿Qué oración dice lo que pasó al final?

A. Sara hizo un dibujo del mar.

B. Sara le regaló el dibujo a su papá.

C. Sara dibujó una ballena en el agua.

D. Sara sacó una hoja de papel.

1. ¿Qué oración dice lo que pasó primero?

2. ¿Qué oración dice lo que pasó después?

3. ¿Qué oración dice lo que pasó después de eso?

4. ¿Qué oración dice lo que pasó al final?

Al leer el siguiente cuento, podrás usar la destreza de cómo notar la secuencia correcta.

Mil cubetas de agua

Ronald Roy

Yukio vive en un pueblecito del Japón.
Un día, él encuentra una enorme ballena.
Pero la ballena está atascada entre unas
rocas. Fuera del agua la ballena moriría.
¿Cómo podrá Yukio rescatarla?

Yukio vivía en un pueblo de pescadores.

Un día Yukio bajó a caminar por la orilla del mar. Cuando caminaba por la playa, vio una enorme ballena. La ballena estaba atascada entre unas rocas. Yukio miró cómo las olas iban y venían, pero vio que la ballena seguía atascada. Yukio sabía que la ballena no podría mantenerse viva por mucho tiempo. Fuera del agua moriría.

—¡Voy a salvarte! —le dijo a la ballena. Pero, ¿cómo? ¡La ballena era enorme!

205

Yukio corrió a la orilla del mar. La marea, ¿estaba subiendo o bajando?

Se dio cuenta de que estaba subiendo.

Yukio llenó su cubeta de agua. Después, la vació sobre la cabeza de la ballena.

—Tú eres muy grandota y mi cubeta es muy pequeñita —le dijo Yukio—, pero voy a traer mil cubetas de agua si hacen falta para rescatarte. Es una promesa.

Yukio regresó a la orilla del mar y volvió a llenar su cubeta. La vació sobre la cabeza de la ballena. Yukio sabía que tenía que mantener a la ballena bien mojada o se moriría bajo el sol.

Yukio fue al mar muchas veces. Derramó agua por todo el cuerpo de la ballena. Luego, le derramó agua por la cola y, después, una vez más por la cabeza, para que la ballena estuviera bien mojada.

Yukio estaba cansado y le dolía la espalda. Pero cuando miró a la ballena, pensó en su promesa de salvarla.

Yukio volvió al mar para llenar de nuevo su cubeta de agua. ¿Cuántas veces la había llenado? Ya había perdido la cuenta, pero sabía que tenía que seguir manteniendo a la ballena mojada.

Yukio se cayó, y el agua, que era tan necesaria, se derramó sobre la arena. Yukio se puso a llorar.

Pero entonces una olita le tocó el pie. Era como si la marea quisiera decirle: "Levántate y lleva más agua. No soy muy rápida pero ya vengo".

Yukio llenó y vació su cubeta muchísimas veces. Le dolía la espalda, le dolían los brazos, le dolía todo el cuerpo, pero seguía echando más y más agua sobre la ballena.

Volvió a caerse y, esta vez, no pudo levantarse.

Entonces Yukio sintió que alguien lo levantaba por la espalda.

—Has trabajado duro, pequeño —dijo su abuelo—. Ahora te vamos a ayudar.

Yukio vio cómo su abuelo vaciaba la primera cubeta de agua sobre la ballena y cómo iba por otra.

Yukio quería gritarle: "¡Más rápido!", pues su abuelo era viejo y no caminaba muy rápido.

En ese momento Yukio oyó ruido de
más gente. Su papá y la gente del pueblo
se acercaban a la playa corriendo. Traían
cubetas y otras cosas para llevar agua.

Algunos se quitaron las camisas y las
mojaron en el mar. Después cubrieron el
cuerpo de la ballena con las camisas. Pronto,
toda la ballena estaba mojada de nuevo.

Poco a poco, la marea fue subiendo hacia
la playa, hasta que, por fin, el agua cubrió la
enorme cola de la ballena. La gente del pueblo
siguió llevando agua del mar a la ballena. Yukio
sabía que, entre todos, la podrían salvar.

El papá de Yukio se sentó junto a él.

—Gracias, papá —dijo Yukio—, por traer a la gente del pueblo para ayudar.

—Eres bueno y has trabajado mucho —dijo su papá—, pero para rescatar a una ballena se necesitan muchos brazos llevando agua.

La enorme ballena empezó a moverse un poco con cada nueva ola que la cubría. De pronto, una gran ola la levantó de las rocas. La ballena esperó un momento y después comenzó a nadar mar adentro.

La gente del pueblo se quedó mirando. Luego, todos empezaron a regresar al pueblo.

Yukio se quedó dormido. Su papá lo llevó en brazos. Yukio había llevado mil cubetas de agua y estaba cansado.

Preguntas de comprensión

1. ¿Cómo pudo Yukio ayudar a la ballena? Di qué hizo.

2. ¿Por qué necesitaba ayuda para salvar a la ballena?

3. ¿Qué le prometió Yukio a la ballena?

4. ¿Por qué crees que se quedó atascada la ballena entre las rocas?

5. ¿Qué crees que hará Yukio si alguna vez vuelve a encontrar una ballena entre las rocas?

Vocabulario

enorme   rápido   mojado   morir

Por cada palabra de arriba hay una abajo que dice lo contrario. Junta estas palabras contrarias.

lento   vivir   seco   pequeño

Las ballenas

Se pueden aprender muchas cosas sobre ballenas con las palabras y los dibujos del cuento. Piensa en lo que sabes sobre las ballenas. ¿Son grandes? ¿De qué color son? ¿Dónde viven? Escribe algunas oraciones diciendo lo que sabes sobre ballenas.

El mar

Iván Cepeda

Cuando las olas del mar
suben y bajan,
parecen columpios
hechos de plata.
El barco se mece,
y en su columpiar
va tejiendo sueños
de espuma al pasar.
A veces yo pienso
mirando el mar:
¿Cuándo es que las olas
pueden descansar?

Tratando de hacer algo

Randolph, Solimán y Yukio, todos hicieron algo difícil. Di lo que cada uno hizo y lo que a cada uno le pasó.

Vocabulario

Piensa todas las palabras posibles para describir cada uno de estos animales:

elefante   jirafa   ballena

Cómo resumir un cuento

Escribe algunas oraciones sobre un cuento de la Tercera Revista que te haya gustado.

¿Sobre quién era el cuento?

¿Dónde tuvo lugar el cuento?

¿Qué pasó primero?

¿Qué pasó luego?

¿Cómo terminó el cuento?

215

A

abre *Abre* la ventana para que entre el gato.

acabar Marta tenía que *acabar* el trabajo antes de ir a jugar.

ahí Esa casita que está *ahí* es de mi abuelita.

aire Los pájaros vuelan por el *aire.*

altura Sam es más pequeño que yo, pero Marta y yo somos de la misma *altura.*

antiguos Estos títeres son *antiguos* porque eran del papá de mi abuelita.

año El *año* que viene las semillitas serán flores.

apartamentos Eduardo vive en un edificio que tiene muchos *apartamentos.*

apenada Ana está *apenada* porque perdió el libro de la biblioteca.

arrancar No se deben *arrancar* las hojas de un libro.

atascada La rama estaba *atascada* entre las piedras del río.

autos No se puede jugar en la calle porque los *autos* pasan muy rápido.

aviones Los *aviones* vuelan muy alto.

ayer *Ayer* aprendí a restar y hoy aprendo otra cosa.

B

barrios Algunos *barrios* de la ciudad tienen casas altas, y otros tienen casas bajas.

basta —Ya *basta* de jugar, es hora de dormir —dijo mi papá.

béisbol Se necesitan muchos niños para jugar al *béisbol.*

bicicleta Puedes llegar más rápido si vas en *bicicleta.*

bolsillo No pongas comida en el *bolsillo* de tu camisa.

broma Todos se reían de la *broma* que hizo mi hermano.

C

camión En un *camión* se pueden llevar cosas grandes de un lado para otro.

cargas El burrito llevaba grandes *cargas* de un pueblo al otro.

celebrar Voy a *celebrar* mi cumpleaños con una fiesta.

cesto Rosa puso a los tres gatitos en el *cesto* para llevarlos al jardín.

círculo Los niños se pusieron en un *círculo* para bailar.

claro —*Claro* que puedo leer —dijo Laura— porque ya sé escribir.

comedor Mamá compró una nueva mesa para el *comedor* de la casa.

cómodo Le arreglé a mi gatito un *cómodo* lugar para dormir.

conseguir Para *conseguir* la última manzana Mari tuvo que subir hasta la rama más alta del árbol.

cubeta La niña se mojó cuando tiró la *cubeta* llena de agua.

cuarto Juana quería dormir en el *cuarto* de su hermana porque tenía miedo.

D

darle Tienes que *darle* la comida al bebé porque él no puede comer solito.

demás Sólo los niños más grandes van a ir a la feria. Los *demás* niños van a ir al zoológico.

desenroscar La zarigüeya quería *desenroscar* su cola de la rama.

deseo Solamente tengo un *deseo:* ir a ver los títeres con mi tía Rosa.

diferente Mi casa es muy *diferente* de la del vecino porque la mía es azul y la del vecino es amarilla.

discutían Como eran amigos, no *discutían* cuando tenían que compartir algo.

disfraces Voy a ir con un traje de conejito a la fiesta de *disfraces.*

distinta Este año que viene tendremos una maestra *distinta.*

dobla *Dobla* la hoja de papel y haz un dibujo en un lado solamente.

duro Fue muy *duro* sacar la bicicleta del camino fangoso.

E

echarlo Este palo seco hay que *echarlo* a la leña.

edificios Estos *edificios* altos dan sombra al parque que está al lado de ellos.

educarlos ¡Mira a tus perritos! Tienes que *educarlos* bien para que no hagan tonterías.

efecto La lluvia tiene *efecto* sobre las plantas porque las hace crecer.

elefante El *elefante* es un animal grande con los colmillos muy largos.

empiecen Cuando las hojas *empiecen* a caer, el invierno llegará pronto.

enorme La ballena es un animal *enorme.*

219

enroscó La zarigüeya **enroscó** la cola en la rama de un árbol.

entrada En la **entrada** de casa estaba la vecina esperando.

escena Me gustó la primera **escena** de la función, en la que los viejitos estaban bailando.

escoba Hay que usar la **escoba** para limpiar el suelo.

escondite No puedes ver a los conejitos porque están en su **escondite.**

espacio En esta clase hay mucho **espacio** porque hay pocos niños.

espalda Me subí sobre la **espalda** de mi hermano para jugar a caballos.

exclamó —¡Ve con cuidado que te puedes caer! —**exclamó** mi hermano.

F

fácil Es más **fácil** bajar la montaña que subirla.

farol La vela del **farol** da una luz muy bonita.

festival El último día de clase hubo un **festival** en la escuela.

final Al **final** de la función todos nos fuimos a casa.

florería Mi hermano compró unas flores rojas en la **florería.**

G

gafas Cuando el sol brilla fuerte, mi mamá se pone las **gafas** para ver mejor.

genial Mi maestra tuvo una idea **genial** para ganar el juego de béisbol.

gruñó El niño se puso a correr cuando el perro **gruñó.**

grupo En mi clase hay dos **grupos** de niños, el grupo chapulines y el grupo conejos.

guardar La ardilla va a **guardar** dentro del árbol la comida que encontró.

H

hará Él **hará** la tarea cuando llegue a casa.

hijito —¡Ven aquí, **hijito!** —le dijo su mamá.

historia Quiero aprender la **historia** de México.

hombros Mi tío me subió en **hombros** para que viera bien la función.

hondo El agujero donde se metió la víbora era muy **hondo.**

huerto David plantó tomates en su **huerto.**

I

iban Las hormigas **iban** en desfile por el caminito.

imposible Es **imposible** arreglar una bicicleta tan rota.

instrucciones
Necesitamos las
instrucciones para
poder hacer bien el barco.

inteligente   Esta niña es
muy *inteligente* porque
hace buenas preguntas.

invierno   En *invierno*
muchas plantas no
tienen flores.

J

jardines   En muchos
jardines se cultivan flores
y verduras.

jirafa   La *jirafa* es un
animal de patas muy largas.

L

lastimaste   ¿Te *lastimaste*
la mano cuando te caíste?

lejos   Ana vive *lejos* de
la escuela y por eso
siempre va en autobús.

LL

llorar   El niño se puso
a *llorar* porque quería
agarrar al pajarito.

M

macetas   Todas las
macetas tenían flores
de muchos colores.

mágicas   Me gustaría
tener zapatillas *mágicas*
para poder caminar por
las nubes.

222

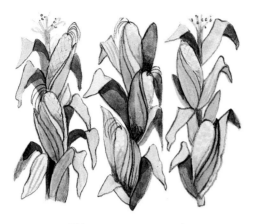

maíz   El *maíz* necesita agua y sol para crecer bien.

manadas   Muchos animales viven juntos en grupos o *manadas.*

manso   Este pajarito es *manso* porque siempre ha vivido con personas.

marea   La *marea* cubre la playa cuando está alta.

mexicanos   Los *mexicanos* son las personas de México.

miles   Había *miles* de hormigas en el hormiguero.

mitad   Una *mitad* de la manzana es para ti, y la otra mitad es para mí.

montón   Hicimos una casita con el *montón* de piedras que encontramos en el bosque.

movimiento   El *movimiento* de las aguas se llevó al barco lejos de la isla.

mundo   En el zoológico puedes encontrar animales de todos los lugares del *mundo.*

N

nacional   En mayo hay un día de fiesta *nacional* y nadie va a la escuela ni al trabajo.

negrito   Yo quiero el conejo *negrito,* porque ya tengo uno blanquito.

número   El *número* tres es más que el número dos.

223

O

obra de teatro En mi clase estamos preparando una *obra de teatro* para el fin de año.

ocupado Yo ayudo a mi mamá a hacer la comida cuando mi papá está *ocupado* en el jardín.

olas Me gusta nadar en el mar cuando las *olas* no son muy altas.

orilla El árbol creció muy grande y bonito a la *orilla* del río.

P

países Me gustaría ir a muchos *países* para ver y aprender muchas cosas.

parking En este *parking* hay muchos coches porque es el más grande de la ciudad.

patios En las ciudades muchas casas tienen *patios* y no jardines.

paz Los animalitos vivían en *paz,* en el bosque, hasta que llegó el coyote.

picado Una hormiguita me ha *picado* en la mano.

pie Se puso de *pie* y empezó a caminar.

pisos Mi casa es más alta que la tuya porque tiene tres *pisos.*

plato —Pon el *plato* sobre la mesa, porque vamos a comer —dijo mi hermana.

playa   Me gusta ir a la *playa* para jugar en el agua y en la arena.

poemas   Este libro tiene bonitos *poemas.*

practicar   Para bailar bien, hay que *practicar* muchos días.

promesa   —Hazme la *promesa* de limpiar el jardín mañana y te dejo ir al parque hoy —dijo mi mamá.

pueblecito   Mi familia vive en un *pueblecito* que se llama Las Flores.

quedado   No ha *quedado* más que una flor en la planta.

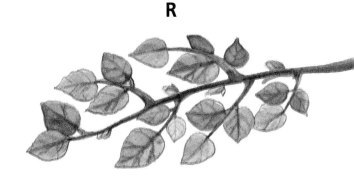

ramas   Vamos a cortar las *ramas* de este árbol porque están muy largas.

rato   Mi amiga Lola y yo jugamos por largo *rato,* y después ella regresó a su casa.

razón   ¡Mira cómo llueve! Tenía *razón* Pepe cuando dijo que iba a llover.

reparto   La maestra hizo el *reparto* de los libros, uno para cada niño.

resolver   No podíamos *resolver* el problema, pero el maestro nos ayudó.

restar   Al *restar* uno de tres quedan dos.

rueda   Esta *rueda* tan grande es de camión.

S

savia   La *savia* está dentro del árbol y le da al árbol la vida.

semillas   Estas *semillas* pronto crecerán y serán bonitas plantas.

sesenta   Mi abuelo ya tiene *sesenta* años.

siete   En mi familia somos *siete* hermanos: tres grandes y cuatro pequeños.

sirve   La jarra *sirve* para poner agua.

sobraba   Cuando Nancy terminó de comer, le dio a su pato el pan que *sobraba.*

sombra   La viejecita se sentaba a leer a la *sombra* de un árbol.

suerte   Por *suerte* empezó a llover después de que arreglé el paraguas.

T

tamaño   No me gustan las bicicletas de *tamaño* grande.

tema   El *tema* de este cuento es lo que les pasa al cuervo y al zorro.

tiburón   Me da miedo encontrar un *tiburón* cuando voy a nadar al mar.

timbre   Como no había *timbre* en la casa, tuve que tocar la ventana para que me abrieran.

tiras   Con estas *tiras* de colores puedes hacer un adorno para el cabello.

todavía   Me fui de la casa cuando *todavía* hacía sol.

tontos   Estos títeres nos hacen reír con sus juegos *tontos.*

trajes   A mis hermanos y a mí nos gusta ponernos los *trajes* de papá.

truco   Le estoy enseñando un *truco* a mi perro.

tubo   Por este *tubo* pasa agua de un lado a otro de la calle.

U

única   Como me comí las otras, ésta es la *única* manzana que me queda.

V

vació   Luis *vació* la jarra llena de agua sobre la maceta.

verduras   Me gusta comer las *verduras* con un poco de sal.

viajar   Me gustaría *viajar* a otros países por avión y por barco.

vida   Mi abuelito me habla mucho de su *vida* cuando era chico.

Z

zarigüeya   La *zarigüeya* es un animalito que vive en los árboles y que duerme colgado de la cola.

Sonidos que conoces

Vocales iniciales

 a

e

i

o

u

Vocales finales

_____ a

_____ e

_____ o

Sonidos que conoces

b	ballena	**ch**	chico	**d**	dos	**f**	foto
g	gatito	**h**	hojas	**j**	jirafa	**l**	luces
ll	llaman	**m**	mesa	**n**	nubes	**ñ**	niña
p	perro	**qu**	querido	**r**	rojo	**s**	silencio
t	también	**v**	ventana	**y**	yo-yo	**z**	zapato

Más sonidos que conoces

cr

gr

pl

pr

tr

___ **s**

___ **r**

___ **z**

Sonidos de la c

c caja

c cielo

Sonidos nuevos

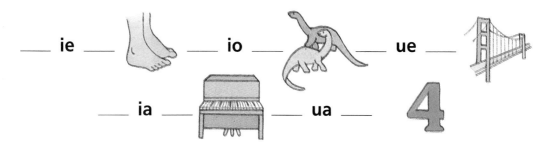

___ ie ___   ___ io ___   ___ ue ___

___ ia ___   ___ ua ___

Sonidos de la g

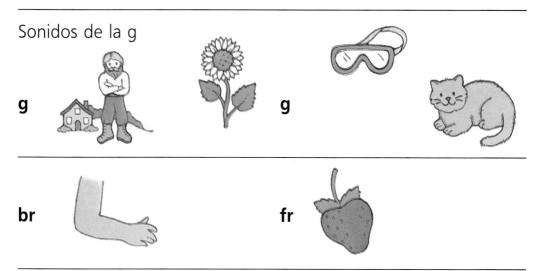

g   g

br   fr

Al encontrar una palabra nueva—

Lee toda la oración en la que está la palabra.

Piensa qué es lo que dicen las palabras.

Piensa en los sonidos de las letras.

¿Tiene sentido dentro de la oración, la palabra que escogiste?

¿Tiene los sonidos correctos la palabra que escogiste?

Continued from page 2.

Credits

Cover and title page illustrated by Henry A. Osuna

Illustrators: Ellen Beier **84–99, 101, 148;** Nan Brooks **62–75, 82;** Linda Strauss Edwards **11–19;** Siegfried E. Gatty **57, 104;** Maureen E. Hyde **120–127;** Ezra Jack Keats **134–146;** Heather King **216–227;** John Littleboy **119;** Arnold Lobel **46–56, 78;** Diana Magnuson **106–117, 200–201;** Cristine Mortensen **21–33, 83;** Terra Muzick **229–230;** Rik Olson **130–132;** Jane Oka, **58–60, 102–103, 133, 147, 152–153, 183;** Sharron O'Neil **184–189, 215;** Henry A. Osuna **180–182;** Terry Riley **194–198;** Cindy Salans Rosenheim **118;** Zahid Sardar **34;** Philip Smith **10, 20, 45, 61, 128–129, 190–193, 202–203, 214;** Krystyna Stasiak **76–77;** Mai Vo-Dinh **204–213;** Rosemary Wells **154–162, 164–179**

Photographer: Michael McKinley **36–42**